PERSUASIONE

Tecniche Proibite di Manipolazione Mentale

Come convincere le persone, influenzare le loro decisioni e diventare un comunicatore carismatico e irresistibile

Roberto Morelli

Seconda Edizione, Luglio 2020

Prima di iniziare la lettura, inquadra il seguente QR Code per scaricare un libro **gratuito** intitolato *"I 7 Segreti della Comunicazione Persuasiva"*.

Una breve guida pratica in grado di darti le conoscenze necessarie per migliorare le tue abilità comunicative, perfettamente complementare al libro che stai per leggere.

Scaricarla è semplicissimo: prendi il tuo smartphone e inquadra questo codice QR con la fotocamera.

INDICE

INTRODUZIONE

In questo testo affronterai, insieme a me, un concetto molto importante e utile per migliorare le tue abilità nell'importante campo della comunicazione: la persuasione. Sarai quindi introdotto nei meandri e nei segreti dell'arte della persuasione e delle principali tecniche di manipolazione mentale a essa legate.

Fai attenzione però, perché quando parlo di persuadere, mi riferisco all'azione di convincere e di affascinare. Infatti, non sto per insegnarti nessun tipo di incantesimo ammaliante e nessuna formula magica, non posso e non vorrei, quindi non ti aspettare nel testo che stai per leggere qualche "mandrakata" tipo "A me gli occhi!" oppure uno schiocco delle dita come Thanos nell'ultimo film degli Avengers.

Il punto di vista che ti verrà presentato di seguito sarà assolutamente professionale. L'approccio che ti offro è di tipo esclusivamente accademico, insegnato di fatto in molte Università di fama internazionale e documentato da esperti noti e conclamati come ad esempio Maslow e Cialdini, con tutte le contraddizioni e le critiche che sono seguite allo sviluppo delle loro teorie, perché anche i punti deboli se analizzati a dovere possono diventare nuovi punti di forza.

Sarai quindi introdotto in teorie, metodi e semplici esercizi pratici pensati per migliorare la tua comunicazione, infatti solo cambiando te stesso in positivo e presentandoti al meglio potrai riuscire a influenzare gli altri con successo.

Per riuscire a far cambiare idea a qualcuno dovrai imparare la sottile arte della persuasione, cioè dovrai abituarti ad appellarti alle emozioni, agli istinti, ai ragionamenti che in un primo momento sembrano filare anche se in realtà non sono affatto di tipo logico.

"Oh, ma certo, ho capito: tu pensi che questo non abbia nulla a che vedere con te. Tu apri il tuo armadio e scegli, non lo so, quel maglioncino azzurro infeltrito per esempio, perché vuoi gridare al mondo che ti prendi troppo sul serio per curarti di cosa ti metti addosso, ma quello che non sai è che quel maglioncino non è semplicemente azzurro, non è turchese, non è lapis, è effettivamente ceruleo, e sei anche allegramente inconsapevole del fatto che nel 2002 Oscar de la Renta ha realizzato una collezione di gonne cerulee e poi è stato Yves Saint Laurent se non sbaglio a proporre delle giacche militari color ceruleo. [...] E poi il ceruleo è rapidamente comparso nelle collezioni di otto diversi

stilisti. Dopodiché è arrivato a poco a poco nei grandi magazzini e alla fine si è infiltrato in qualche tragico angolo casual, dove tu evidentemente l'hai pescato nel cesto delle occasioni, tuttavia quell'azzurro rappresenta milioni di dollari e innumerevoli posti di lavoro, e siamo al limite del comico quando penso che tu sia convinta di aver fatto una scelta fuori delle proposte della moda quindi, in effetti, indossi un golfino che è stato selezionato per te dalle persone qui presenti... in mezzo a una pila di roba."

Ecco, questo dialogo estratto da "Il Diavolo Veste Prada", film del 2008, rende alla perfezione l'idea di quel che sto per presentarti. La scena è quella del famoso maglione ceruleo. La segretaria protagonista non ha assolutamente idea di cosa stia indossando al momento, ma l'esperta Meryl Streep ribalta il tutto, persuade, convince, con tutti gli ingredienti che troverai spiegati in dettaglio di seguito nel resto del testo: carica sociale, postura del corpo, tono di voce, qualità del contenuto. Qui troverai davvero tutto riassunto e magari prima di iniziare a esercitarti, fermati a dare un'occhiata a questa famosa scena che troverai facilmente su YouTube.

Attenzione, non ti sto chiedendo affatto di diventare un attore per imparare l'arte della manipolazione mentale, la gente odia le persone false e una volta che le ha riconosciute come tali, queste perdono ogni consenso agli occhi del mondo.

Ricorda inoltre che è davvero impossibile non comunicare. Come dice Soren Kierkegaard: "La scelta di non scegliere è comunque una scelta". Quindi, anche se decidi di non comunicare, in realtà persino così starai già comunicando qualcosa a qualcuno. La tua assenza, volente o nolente comunica qualcosa di te. E per l'appunto, non puoi controllare a dovere questo "qualcosa". Devi sempre considerare che la comunicazione è composta da due elementi: contenuto e relazione. La relazione qualifica il contenuto. Quindi presta la massima attenzione al tono di voce, al tuo abbigliamento, a come ti presenti a seconda delle occasioni, cerca di capire poi se devi essere allegro, serio o professionale. Dovrai usare ogni elemento inserendolo nel contesto per rispettare un preciso disegno strategico.

CAPITOLO 1

Come influenzare le decisioni degli altri, cambiare le loro percezioni e i loro comportamenti

La capacità di persuasione è una componente fondamentale che devi assolutamente considerare se vuoi essere un buon leader perché, tra le altre cose, aiuta a cambiare le decisioni altrui, a spostare le opinioni influenzando le loro percezioni. Voglio precisare fin da ora che no, non c'è nessun lato oscuro della forza e no, purtroppo non posso aiutarti a diventare un cavaliere Jedi come quelli di Star Wars. In questo libro ti parlo di persuasione come l'insieme di tecniche a cui si può ricorrere se si vuole influenzare una decisione altrui. Ad esempio, ti basti pensare a tutti gli investimenti effettuati dalle campagne marketing di comunicazione delle grandi imprese multinazionali su ogni tipo di media e che si basano su tecniche di persuasione.

Inoltre, presta sempre molta attenzione al tono che decidi di utilizzare, allo stile, all'uso della persona scelta: seconda singolare o plurale o addirittura terza plurale. Rivolgerti al tuo interlocutore come sto facendo adesso qui con te, quindi utilizzando la seconda singolare, ha un impatto sul tipo di interazione. Infatti non ho deciso di adottarla per caso, come potrai capire meglio portando al termine la lettura di questo testo. Mostrarti sicuro di te nel descrivere te stesso e le tue esperienze lavorative determina la tua stessa percezione da parte degli altri, e può tornarti utile di fronte a un possibile esaminatore che sta valutando diverse candidature di lavoro.

Tutte le interazioni fra soggetti possono sostanzialmente essere racchiuse in due tipologie: simmetriche o complementari. L'interazione simmetrica considera gli interlocutori, per le loro comunicazioni, di pari livello. L'interazione complementare prevede invece che gli interlocutori non si considerino sullo stesso piano, così la comunicazione si basa su due livelli dove uno degli interlocutori viene messo in una posizione superiore, cosiddetta di *one-up*, mentre l'altro in una subordinata, definita di *one-down*.

L'azione stessa del persuadere viene inoltre vista anche come un modo diverso di informare: attraverso un maggior livello di informazione puoi portare un individuo o più individui ad avere un altro punto di vista, modificandone così gli atteggiamenti e i comportamenti da loro assunti in precedenza.

Come puoi ben capire, l'uso della parola persuasione risulta molto spesso fuorviante, perché a volte viene vista come un modo scorretto di comportamento, un mero strumento di manipolazione mentale utilizzato per far sì che le persone si comportino e scelgano qualcosa che loro, normalmente, non prenderebbero in considerazione; ma sinceramente, la manipolazione è un fattore inevitabile in ogni genere di rapporto umano. Devi solo capire chi comincia a manipolare e chi subisce la manipolazione.

Attualmente le persone ricevono una quantità enorme di stimoli e il cervello, per evitare di essere sempre sottoposto a stress, tende a semplificare le decisioni attraverso appositi meccanismi, per ridurre il superlavoro e la conseguente fatica. Senza l'innesco di questo tipo di automatismi saresti continuamente sottoposto a sovraccarichi informativi. Non devi poi trascurare il fatto che anche le recenti innovazioni tecnologiche hanno contribuito a incrementare la quantità di informazioni giornaliere ricevute dalla nostra mente, così la naturale capacità di elaborazione sembra ormai essere diventata insufficiente per gestire tutto ciò.

Vivere nel mondo contemporaneo implica, volente o nolente, una continua esposizione a diversi tipi di pressioni e devi esserne consapevole se vuoi arrivare ad ottenere un qualsiasi tipo di controllo persuasivo per influenzare con la tua comunicazione un cliente, un interlocutore o un amico.

Per esercitare influenza devi quindi essere consapevole che il 95% delle scelte effettuate da ognuno di noi, ovviamente anche da te, matura esclusivamente a un livello inconscio, cioè fuori da quella che è la consapevolezza individuale, condizionata da fattori non razionali ed emotivi.

Riportare tutto ciò a livelli di consapevolezza, non senza fatica, può aiutarti molto sotto diversi aspetti. In questo modo puoi infatti arrivare a conoscere tutte le leve che vengono utilizzate per prendere decisioni e, una volta che saprai identificarle, potrai decidere se utilizzarle o meno a tuo favore oppure potrai semplicemente iniziare a usarle per difenderti meglio dalle pressioni altrui e potrai così conoscere a fondo le dinamiche relazionali di tutti i giorni avendo un vantaggio non indifferente su tutti gli altri.

Arrivati a questo punto ti spiego quali sono i fattori che influenzano una decisione, eccoli elencati qui di seguito:

Principio di scarsità. Quante volte hai letto o sentito dire che una determinata offerta scade solo dopo pochi giorni se non addirittura tra poche ore? Quante volte leggi online sui siti di prenotazione alberghiera che la stanza che stai prenotando è l'ultima rimasta? Oppure che un prodotto che vuoi acquistare, sempre nel settore dell'e-commerce, è uno degli ultimi? Devi sapere che uno dei fattori più utilizzati per esercitare una pressione e per fare in modo che una transazione venga conclusa nel più breve tempo possibile è proprio quello di ricorrere al trucchetto di mostrare una "scarsità", sia essa di tempo, di spazio o di denaro. Ad esempio, questo è un approccio molto usato da siti come Booking e Amazon, ti basterà andare sui loro portali per vedere come questa tattica viene messa in pratica.

Principio di gratuità. Molto probabilmente questa è una leva più efficace perché finisce con lo sviluppare un senso di gratitudine e la sensazione di dover ricambiare; infatti chi riceve qualcosa gratuitamente, in qualche modo, si sente sempre in debito verso chi ha fatto il dono. Devi inoltre sapere che è accademicamente dimostrato da diversi studi che un omaggio offerto ad un cliente di un ristorante (come può esserlo ad esempio un liquore digestivo a fine pasto) può portare ad un aumento delle mance del 23%.

Principio di contrasto. Se in una situazione con due o più opzioni di scelta mostri per prima l'opzione più costosa o più impegnativa, vedrai che ti risulterà più semplice portare la scelta dell'altra persona verso l'opzione meno impegnativa perché il confronto relativo agli sforzi da affrontare rende ancora più convincente l'offerta più economica. Un tipico esempio di questo principio è la strategia di lancio di Apple con i nuovi modelli di iPhone: nonostante il prezzo di questi dispositivi sia oggettivamente alto, presentando tre diverse versioni, una più cara dell'altra, Apple ci porta a pensare che la versione con il prezzo di vendita più basso sia effettivamente economica, se rapportata alle altre due versioni più care.

Principio di autorevolezza. Se vuoi sfruttare questo principio devi dirigere i tuoi sforzi persuasivi nel comunicare le informazioni all'altra persona senza ricorrere ad esagerazioni; devi infatti limitarti a presentare dei semplici dati di fatto che mostrino all'altra persona la tua autorevolezza. Il numero di clienti, i valori di fatturato, la quantità di prodotti venduti o dei servizi erogati, gli anni di esperienza che hai o la qualità delle prestazioni di un determinato bene o servizio sono, ad esempio, tutti effettivi indicatori di autorevolezza.

Principio di sorpresa. Qui devi considerare che un'offerta mostra la sua capacità sorprendente proprio perché inattesa o vantaggiosa. Ti risulterà più facile influenzare una decisione in seguito a una sorpresa, questo perché le persone che l'accettano si trovano temporaneamente incerte sul da farsi e quindi hai maggiori possibilità di convincerle in quel lasso di tempo.

Principio di riprova sociale. Questa è la base del cosiddetto "conformismo", infatti prevede la tendenza a giudicare corretta e adeguata un'azione quando viene effettuata anche da altri soggetti. Se decidi di adottare questa scorciatoia mentale puoi pensare di commettere meno errori, ma devi sempre fare attenzione a non ricorrere alle esagerazioni, pensa ad esempio alle varie sitcom televisive dove senti le risate finte del pubblico, non sempre funzionano vero? Oppure pensa al piattino troppo pieno o troppo vuoto delle mance nei bar. Ci deve sempre essere qualcosa di vero e nella giusta misura se vuoi avere dei vantaggi in ogni tipo di relazione.

Principio di associazione. Se a un'idea, a un prodotto o a un servizio associ un'immagine positiva, risulterà più facile che questa idea, prodotto o servizio riscontrino una preferenza. Ad esempio, puoi notare come nella pubblicità si preferisca abbondare con le metafore, con i messaggi positivi e con la presenza di persone di bell'aspetto, proprio per questo semplice principio. Se associ un prodotto a una bella donna, resterà impresso in maniera positiva nella mente maschile, e così via.

Principio di coerenza. Quando proponi o vendi qualcosa non devi mai chiedere un impegno concreto fin dall'inizio ma devi far procedere l'altra parte a piccoli passi. Proporre un periodo di prova o uno sforzo minimo non troppo vincolante ti permette di acquisire maggiore fiducia e farà sì che il potenziale cliente, acquirente, contraente, possa toccare con mano quello che potrà ottenere alla fine, o parte di esso.

Andiamo ora a concentrarci su una realtà che è un po' diversa, ossia la comunicazione online, che merita una sezione a parte perché come puoi ben capire si basa su fattori diversi; esclude, ad esempio, il contatto visivo o la postura. Ogni giorno ti trovi a dover affrontare diverse decisioni, scelte che possono arrivare ad avere un impatto maggiore o minore sulla tua esistenza. Sei chiamato a scegliere costantemente tra prodotti, marchi, sapori, odori, paesaggi, se correre qualche rischio oppure no. Questo fenomeno porta a un paio di domande: come può un prodotto distinguersi da tanti altri? Quali sono i principali fattori che portano una persona a scegliere? Come decidono ad esempio le persone quando navigano online?

Se vuoi attirare un maggior numero di persone verso la tua idea, verso la tua offerta, devi assolutamente riuscire a capire che cosa vuole l'internauta e come poter entrare nei suoi favori. Qui di seguito ti aiuto a comprendere i processi mentali che una persona esegue quando prende una decisione e quali sono i principali fattori che condizionano tale scelta.

Negli ultimi tempi la pubblicità ha ottenuto sempre più importanza nelle decisioni di tutti noi, anche nelle tue, portandoti spesso a dover scegliere tra il prodotto proposto dai diversi media e quello che ti viene invece consigliato da un amico. Siamo sempre più consumatori, con tutti gli aspetti positivi e negativi del caso che non andremo ad affrontare in questo testo. Vengono effettuati sempre più investimenti in questo settore e inevitabilmente è anche più facile fare la scelta sbagliata, diminuendo di conseguenza la nostra fiducia nelle marche.

Tutto questo dover scegliere ti porta anche ad agire diversamente, a essere maggiormente informato e, allo stesso tempo, a essere più scettico e con uno sguardo critico su tutto. L'aumentare di occasioni in cui dover scegliere ti ha cambiato e ha modificato anche il tuo modo di prendere decisioni. Ora cerchi un numero maggiore di informazioni, fai più paragoni e valuti l'attendibilità delle opinioni e delle recensioni su prodotti, soprattutto se richiedono un certo tipo di sforzo economico.

Mi sembra doveroso evidenziare il fatto che l'avere una maggior disponibilità di opzioni non significa affatto avere più possibilità di effettuare la scelta migliore. Anzi, è molto probabile che accada esattamente il contrario e che l'ennesima scelta sbagliata finisca con il compromettere il tuo benessere. Quindi puoi anche vederla in questi termini: fornendoti gli strumenti per la comprensione di tale materia ti aiuto a scegliere nel tuo interesse e, allo stesso tempo, ti sto fornendo un vademecum per il tuo benessere.

Secondo diversi studi recenti circa il 90% delle persone assume decisioni basandosi sulle recensioni online. Inoltre, il 58% dei soggetti analizzati ha comunicato di sentirsi maggiormente propenso, rispetto a cinque anni fa, nel condividere le sue esperienze sul web tramite recensioni online sui siti o nei social, anche quando non richiesto. Non devi poi trascurare il fatto che chi percepisce di aver avuto un'esperienza negativa, sempre in base alla scelta effettuata, è propenso a lasciare un feedback negativo, dagli account dei social network.

C'è qualcosa che influenza le decisioni online e il modo in cui le persone fanno le loro scelte. Oltre alla qualità del prodotto e alla reputazione del venditore, ci sono altri elementi che contribuiscono al processo decisionale:

Recensioni online

Sei sicuramente più propenso a fidarti di uno sconosciuto che ha testato un prodotto e ha voluto condividere la sua esperienza online, che ascoltare solo il parere presentato dal brand. In alcuni casi le recensioni online sono lo strumento di marketing più importante. Su siti di prenotazioni di servizi, le recensioni dei clienti sono molto importanti tanto da influenzarne la posizione nelle loro classifiche.

Fluidità cognitiva

Le persone tendono a scegliere qualcosa che è

familiare o facile da capire, nel desiderio di mantenere le cose semplici. Un esempio esplicativo consiste nei piani illimitati della telefonia mobile. Ricorrendo al termine "illimitato" si semplifica il prodotto e lo si rende più facile da assimilare nella mente del potenziale cliente. Secondo la teoria della fluidità cognitiva, se hai avuto un'esperienza positiva hai maggiori possibilità di ripeterla piuttosto che rischiare di perdere tempo alla ricerca di qualcosa di nuovo. "Chi parte sa quello che lascia ma non quello trova", come amava ripetere il personaggio di Lello Arena a quello di Massimo Troisi in "Ricomincio da tre!". In questo modo si spiega il motivo per cui compri gli stessi prodotti più e più volte al supermercato e ordini spesso lo stesso piatto al ristorante.

Decisioni emotive

Le nostre decisioni arrivano dal subconscio e spesso non capiamo perché abbiamo adottato una specifica scelta. Risulta quindi molto importante collegare un'idea, una versione, un prodotto, insomma quello che ti viene offerto a un'immagine che possa suscitare sensazioni positive.

CAPITOLO 2

Come funziona la mente umana: il potere della mente subcosciente

Il potere della mente va ben aldilà di ciò che siamo soliti pensare; oltre alla coscienza esiste un mondo tutto da scoprire dove tendiamo a nascondere le nostre paure, le incertezze e gli impulsi che ci sembrano inaccettabili. Tuttavia, nello stesso "luogo" sorgono le idee creative e le passioni più travolgenti e qui crescono i nostri sogni. Si tratta della mente subconscia o inconscia e, nonostante per vari decenni sia rimasta nascosta dietro a un velo di mistero, oggi abbiamo a disposizione tecniche che ci permettono di accedere a questa zona della mente per potenziare il nostro equilibrio psicologico o raggiungere i nostri obiettivi.

Un interessante esperimento riguardo al subconscio

Credi che tenere in mano una semplice tazza di caffè potrebbe cambiare ciò che pensi di uno sconosciuto? Nonostante risulti difficile da credere, un esperimento svolto nell'Università di Yale ha dimostrato che si può modificare il giudizio di alcune persone semplicemente sostenendo una tazza di caffè.

Durante la procedura, quando il soggetto sperimentale entrava nella stanza trovava un assistente intento a sorreggere dei libri, dei documenti o una tazza di caffè (freddo o caldo). L'assistente chiedeva al soggetto di sostenere un attimo la tazza. Più tardi, quando i soggetti dovevano dire come gli fosse sembrato uno sconosciuto incontrato durante la procedura, chi aveva sostenuto la tazza di caffè freddo considerava la persona come più distante, egoista e poco socievole.

Questi risultati possono sembrare incredibili ma ciò che è chiaro è che negli ultimi anni sono stati portati a termine diversi studi che dimostrano come piccole variazioni del mezzo possono incidere nei nostri comportamenti e nelle nostre valutazioni. Ciò porta a pensare come il subconscio sia molto più attivo di quanto si voglia credere e che ha una certa influenza nelle decisioni che prendiamo, molto più di quanto siamo disposti ad accettare. Infatti, il nostro subconscio invia continuamente messaggi alla nostra mente cosciente e spesso ci troviamo a comportarci in un certo modo senza riuscire a spiegare il perché dato che non siamo in grado di decifrare il motivo di tale condotta.

Che cos'è il subconscio o inconscio?

Una similitudine a cui si ricorre spesso è quella di immaginare la coscienza e il subconscio con un iceberg; la prima sarebbe la punta emersa di un enorme blocco di ghiaccio in cui sott'acqua si nasconde il subconscio. Esso non si vede ma si sa che è lì ed è fondamentale per sostenere la parte visibile dell'iceberg.

Pertanto, l'inconscio è il termine che si utilizza per riferirsi a tutto ciò che si trova sotto alla soglia di coscienza e che è di difficile accesso. In questo livello si trovano paure profonde che possono sfociare in fobie, contenuti che sono stati rimossi e spostati dalla coscienza per il loro aspetto traumatico e desideri non accettati.

Questo insieme di contenuti si può manifestare in modi diversi come ad esempio attraverso i sogni, gli atti mancati (quando mettiamo in pratica un comportamento ma in realtà avremmo voluto fare altro), i lapsus (quando per sbaglio diciamo una parola o una frase al posto di un'altra). Nel momento in cui il livello della coscienza abbassa la guardia, una parte del subconscio può affiorare e determinare i nostri comportamenti o generare diversi stati emotivi. Nonostante ciò il subconscio è composto da diversi livelli, per cui è molto difficile accedere a quelli più profondi.

In che modo l'inconscio influisce sul nostro comportamento?

Abbiamo già spiegato superficialmente l'esperimento della tazza di caffè caldo o freddo e come sostenerla oppure no potesse influenzare il giudizio su una persona, chi aveva tenuto in mano il caffè caldo si faceva un'idea più gradevole ed estroversa della persona rispetto invece a chi aveva sostenuto la bevanda fredda.

Questo non è l'unico esperimento che dimostra il potere del subconscio sulle nostre percezioni e decisioni. Alcuni psicologi dell'Università di Stanford reclutarono un gruppo di persone affinché partecipassero a un gioco di investimenti economici. Alcuni vennero fatti sedere a un tavolo vuoto, altri a un tavolo in cui era appoggiato un portadocumenti nero, simile a quello che erano soliti usare gli uomini facoltosi. Secondo i risultati dell'esperimento chi venne esposto al portadocumenti si mostrò più cauto nell'investire, risultò essere più competitivo e avere maggiori aspettative riguardo alle vincite. In altre parole, questi soggetti si comportarono come se fossero già uomini d'affari. Il dato più curioso è che nessuno di loro riconobbe che l'aver visto l'oggetto in questione aveva potuto incidere nelle loro decisioni e comportamenti.

Risultati come questo dimostrano come siamo costantemente bombardati da stimoli che non vengono processati a livello conscio ma che il nostro insconscio capta e processa per poi attivare determinati schemi di comportamento, mentre noi non ci rendiamo conto di nulla.

Di conseguenza, molte delle nostre decisioni quotidiane sono profondamente influenzate dal subconscio che attiva una serie di schemi neurali come se fossero programmati da un computer. A volte la nostra mente inconscia è in sintonia con i nostri desideri e obiettivi, ma altre volte ci porta a sabotarci. Per esempio, nel nostro subconscio sono registrati diversi messaggi negativi che abbiamo ascoltato durante l'infanzia e che forse provenivano dai nostri genitori o insegnanti. Questi messaggi continuano tutt'oggi a determinare i nostri comportamenti, formano parte di un dialogo interiore e danno forma alle nostre paure, anche se non sempre siamo in grado di accorgercene.

La buona notizia è che quando riusciamo a rendere consci questi meccanismi essi perdono il loro potere sul nostro comportamento. Per questo è importante immergersi ogni tanto nel nostro inconscio e assicurarci che funzioni con i "programmi" adeguati e funzionali.

L'inconscio come fonte di soluzione di problemi

La creatività spesso va di pari passo con l'*insight*, ossia con quel momento in cui tutto acquisisce un nuovo senso e compare un'idea brillante. Tuttavia, ciò che sembra un'idea uscita dal cappello di un prestigiatore è in realtà un pensiero che è stato elaborato a livello inconscio. Mentre la mente conscia è occupata da altre tematiche, il subconscio continua a lavorare, comparare, riorganizzare e coniugare diverse idee.

Uno studio particolarmente interessante lo ha dimostrato. Gli psicologi chiesero a diversi gruppi di persone di immaginare quanti più modi possibili di utilizzare una graffetta. La differenza tra i gruppi era rappresentata dal tempo che lasciavano loro per arrivare al risultato. Ad alcuni diedero 5 minuti, ad altri solo un minuto dato che quasi subito li iniziarono a distrarre parlando di altro. Una volta trascorso il tempo, tutti dovevano scrivere le idee elaborate. Sorprendentemente, i gruppi che ebbero meno tempo per pensare furono quelli che proposero le idee più creative.

Secondo i ricercatori ciò è dovuto al fatto che la mente subconscia continua a lavorare e a generare idee in un processo di pensiero divergente. Al contrario, le persone che ebbero più tempo per pensare in modo conscio misero in atto il pensiero convergente, attraverso cui ci sbarazziamo di tutto ciò che consideriamo irrilevante.

Pertanto, il subconscio non è solo un luogo in cui si nascondono le nostre paure e le credenze limitanti, è anche una meravigliosa fonte di creatività che ci può aiutare a risolvere problemi.

Connettere con la parte subconscia della mente

Il subconscio non organizza le informazioni in modo logico e non è solito applicare etichette verbali che abbiano un senso coerente per noi, quindi risulta difficile capire i suoi messaggi o accedere a questa parte della mente. Inoltre, ha anche il ruolo di "guardiano" di quei contenuti che la mente conscia non accetta. Per questo, quando si cerca di entrare in contatto con l'inconscio, è importante farsi aiutare da uno psicoterapeuta esperto per essere in grado di integrare in modo adeguato i nostri contenuti nella personalità e il nostro mondo emotivo.

Oggigiorno esistono diverse tecniche per entrare in contatto con l'inconscio come le associazioni libere, i test proiettivi, l'ipnosi, ecc. Durante una seduta di ipnosi la persona sperimenta uno stato di coscienza alterato che le permette di far emergere il suo inconscio. Infatti, uno psicoterapeuta con sufficiente esperienza in questo ambito può fare in modo che il soggetto torni a momenti vitali vissuti in passato; può anche aiutarlo ad avere accesso a desideri che non si permette di riconoscere a livello cosciente perché sono latenti anche se determinano il suo comportamento causando a volte conflitti tra mente cosciente e mente inconscia.

CAPITOLO 3

La mente subcosciente e la pubblicità

Dopo aver esaminato a grandi linee le leggi della mente subcosciente, vediamo ora una delle loro applicazioni più importanti ossia "la pubblicità", che si definisce come l'insieme di mezzi che hanno come obiettivo la promozione o divulgazione di informazioni, idee oppure opinioni di tipo sociale, commerciale, ecc. affinché un determinato pubblico agisca in un certo modo, pensi secondo una serie di principi o acquisti qualsiasi prodotto o servizio.

La pubblicità è senza dubbio il motore delle vendite di ogni prodotto e servizio esistente al mondo e può essere normale o massiva grazie all'uso di mezzi di comunicazione quali stampa, radio, televisione, cinema o mezzi digitali.

La pubblicità ha lo scopo di persuadere un determinato pubblico affinché agisca in un certo modo e per riuscirci crea una necessità di certi prodotti o servizi affinché un gruppo di persone li acquistino e si fidelizzino come clienti permanenti.

La mente subcosciente controlla in gran misura i pensieri e le azioni degli esseri umani e ciò dimostra l'importanza che ha sapere come funziona o agisce la mente subcosciente per chi si dedica alla pubblicità o per chi vuole vendere in modo più efficace un prodotto o servizio.

Abitudini di acquisto

Uno dei principali obiettivi della pubblicità è modificare le abitudini di acquisto del pubblico target. Ciò non è semplice dato che se le persone sono abituate a consumare o a utilizzare una certa marca, avranno un livello di resistenza al cambiamento più alto.

Pubblicità subliminale

Uno dei modi più aggressivi di manipolare le abitudini di acquisto dei possibili clienti si basa sull'utilizzare la pubblicità subliminale, attraverso cui le persone vengono portate a provare un prodotto anche se non sono state convinte coscientemente.

Qualsiasi messaggio audiovisivo, composto cioè da immagini e suoni che viene emesso sotto la soglia di percezione cosciente e che incita all'acquisto di un prodotto viene considerato pubblicità subliminale. A livello subconscio ciò può essere considerato come una sorta di ipnosi e può manipolare le decisioni e i comportamenti degli acquirenti.

Di seguito vediamo alcuni tipi di pubblicità partendo dal punto di vista della mente subcosciente.

Passaparola o raccomandazione personale: questo genere di pubblicità viene gestito tra persone che si conoscono per consigliare marche, eventi, viaggi, esperienze. Viene utilizzato anche dai sistemi di vendita multilivello. Nonostante questo tipo di pubblicità sia quello più economico dato che non ha bisogno di mezzi esterni, richiede che il messaggio sia molto potente e che ci sia una relazione salda tra chi consiglia il prodotto o servizio e chi si appresta a valutarne l'acquisto.

Televisione: questo tipo di pubblicità è tra i più potenti per influenzare le abitudini di acquisto delle persone. In passato, e in alcuni casi anche oggi, gli investimenti più importanti erano dedicati a questo mezzo. In determinati momenti storici la pubblicità televisiva ha fatto uso di messaggi subliminali.

Radio: in questo canale viene meno l'aspetto visivo e il suono, rappresentato dal tono della voce e dai contenuti espressi, costituisce il canale di comunicazione con un determinato livello di efficienza. Questo tipo di pubblicità utilizza tecniche di locuzione, musica ed effetti di suono per creare messaggi efficaci.

Stampa: ci riferiamo a poster, cartelloni, cataloghi, depliant, pubblicità stampate su riviste e giornali, ecc. In questo caso l'attenzione del potenziale cliente va attirata facendo leva sulle immagini e su testi accattivanti.

Internet: negli ultimi decenni la pubblicità online ha acquisito sempre più importanza. Questo genere di pubblicità coinvolge diversi canali percettivi ed è quindi un ottimo strumento per avere impatto sulla mente subcosciente.

Neuromarketing, pubblicità diretta al subconscio

Chi si occupa di pubblicità sa che deve sempre trovare nuovi modi per arrivare alla mente del consumatore e convincerlo del fatto che il suo prodotto è migliore di qualsiasi altro; per fare ciò gli esperti di questo settore non smettono di provare nuovi strumenti che la scienza mette a loro disposizione, ne sono un esempio la neuroscienza e le tecniche di neuromarketing.

In un famoso esperimento svolto per Pepsi, a dei soggetti veniva richiesto di provare due prodotti di cui non potevano conoscere la marca. Risultò che poco più della metà dei partecipanti preferiva Pepsi. La marca tuttavia non si capacitava del fatto che a livello di mercato le vendite non rispecchiassero questa preferenza.

Lo studioso Read Montague, specializzato in neuroscienze, decise di studiare più a fondo la questione e si impegnò a capire che cosa succedesse nel cervello delle persone in fase di assaggio delle bibite e di selezione di quella preferita. Studiò 67 volontari con strumenti quali i tomografi e macchine di risonanza magnetica nucleare per poter osservare quali aree cerebrali si attivavano quando si diceva ai soggetti la marca della bibita che stavano bevendo. Risultò che l'area maggiormente attivata era la corteccia prefrontale mediale, la quale si incarica del controllo del pensiero superiore. Montague concluse dunque che il cervello mette in relazione la marca con idee e immagini soggettive e predeterminate generando così sensazioni superiori persino a quelle percepite del prodotto. Ciò conferma come la marca e le esperienze avute con essa in precedenza possano influenzare la percezione.

Neuromarketing

Allo studio degli effetti che produce la pubblicità nel cervello e su quanto ciò abbia ripercussioni sul comportamento di possibili clienti è stato dato il nome di "neuromarketing". Lo strumento principale utilizzato per questo disciplina è la fMRI, ossia la Risonanza Magnetica Funzionale.

Negli scorsi decenni, grazie alle immagini che questo strumento produce, gli scienziati furono in grado di arrivare a conclusioni che i pubblicisti iniziarono a utilizzare nelle loro campagne. In primo luogo, si capì che la decisione di acquistare un prodotto non è razionale ma deriva da forze subconscie. Inoltre, si determinò che la maggior parte delle volte il processo di selezione di un bene è relativamente automatico; l'azione deriva infatti da una serie di abitudini acquisite lungo la vita del consumatore e da altre forze inconsce tra cui hanno molto peso la propria storia, la personalità, le caratteristiche neurofisiologiche e il contesto sociale e fisico che si ha intorno. In altre parole, il prodotto che compri oggi è determinato da ciò che hai acquistato in passato e alle esperienze che hai avuto con esso.

Infine, il sistema emozionale, una delle aree più primordiali del cervello, ha un ruolo fondamentale nei processi mentali umani e pertanto determina gran parte delle decisioni di acquisto.

Siamo quindi marionette in mano dei pubblicisti?

Il neuromarketing si è rivelato un potente strumento per capire la relazione tra mente e comportamento del consumatore. Gli studiosi di questo settore hanno analizzato a fondo il processo di acquisto e ormai sanno quali zone dei negozi attirano l'attenzione e quanto dura ogni azione che si porta a termine durante il processo di selezione e di acquisto di ogni oggetto. Questi dati aiutano gli esperti di marketing a organizzare la distribuzione degli articoli nel locale affinché i consumatori comprino più di quanto hanno bisogno.

Prima dell'arrivo del neuromarketing, le scienze che studiano i consumatori alle prese con gli acquisti di prodotti e servizi potevano avanzare solo speculazioni riguardo a ciò che accadeva nella mente delle persone. Oggigiorno, grazie alle sofisticate ricerche di questo settore si può misurare con precisione cosa accade nel cervello delle persone quando un prodotto entra nel mercato.

CAPITOLO 4

Come comunicare un'idea, un prodotto, un'attività...

...fino a renderla irresistibile

Cosa pensi possa davvero essere interessante per gli altri, siano essi amici, interlocutori, o clienti? Quando disponi solamente di qualche attimo di tempo, di pochi minuti, come puoi riuscire ad attirare la loro attenzione sul serio? La risposta a questa domanda ti sarà molto utile perché ti aiuterà a non sprecare il tuo tempo e quello degli altri.

Come puoi presentare un'idea nel modo migliore? Da dove devi cominciare per renderla irresistibile agli occhi degli altri? Una presentazione perfetta deve essere breve e, soprattutto, deve essere mirata, capace cioè di tenere alta l'attenzione degli ascoltatori per tutta la durata dell'intervento. Ad esempio, stando a diversi studi di marketing, l'attenzione dei *millennials*, cioè delle persone nate nel nuovo millennio, cala già dopo solo sette secondi: una capacità di concentrazione addirittura inferiore a quella del comune pesce rosso, secondo alcuni studi recenti.

Quando presenti un'idea, un progetto, un prodotto o una soluzione è sempre bene tenere conto dell'analisi dei clienti o di chi, generalmente, deve effettuare la scelta. Metti caso che per qualche motivo vuoi o devi offrire un biscotto, anche in questo semplice caso devi considerare diversi fattori: lo stai proponendo ai genitori o ai bambini? A seconda del soggetto interessato devi quindi cambiare il modo di proporlo. Di questi tempi poi bisogna tenere conto dell'*influencer* più adatto al tuo prodotto, anche in un settore apparentemente semplice come quello dei biscotti. In questo caso non dovrai prendere in considerazione bellissime modelle e famose rock star ma dovrai invece concentrarti sull'opinione che possono avere in merito pediatri, medici o genitori famosi e seguiti da tante persone sui social media.

Basa la tua idea su dati di fatto

Prima di esporre la tua idea assicurati che sia basata sui fatti e fai in modo di avere pronto un valido supporto logico a cui ricorrere. Preoccupati di cercare fonti che propongono informazioni nuove, magari anche non tradizionali. Associa quindi nel migliore dei modi tutte le informazioni necessarie per avere un risultato che fornirà i dati di cui hai bisogno per rendere irresistibile la tua proposta.

Crea una tabella di marcia

Se hai un'idea devi avere ben chiari anche i tempi che ti servono per realizzarla. Se non presenti l'idea con passi precisi per concretizzarla nella realtà, questa potrà morire sul nascere. Potresti avere le ragioni, l'idea migliore del mondo ma se la presenti in maniera troppo astratta non convincerai mai nessuno. Per questo motivo devi anche rimuovere tutti gli ostacoli possibili. Rifletti su come suddividere la tua idea in sezioni diverse, più facili da proporre rispetto a un'idea complessa. Valorizza queste singole sezioni al meglio che puoi.

Croce e delizia

Devi quindi conoscere a fondo ogni aspetto della tua proposta, o meglio devi saper individuare quale "croce o delizia" porta la scelta che stai proponendo agli altri. Qui devi visualizzare il possibile problema che stai risolvendo agli altri già solo con la tua offerta. Ad esempio, sempre tornando all'esempio dei biscotti, l'argomento principale in questo caso può essere l'alimentazione corretta di un bambino e puoi fare leva sull'argomento che grazie al biscotto che proponi è possibile risolvere o prevenire diversi problemi di intolleranze.

Osserva quali sono le alternative di mercato e presta attenzione ai concorrenti

Devi anche prestare attenzione alla concorrenza, ovviamente. Analizza in dettaglio come gli altri affrontano i tuoi stessi problemi. Sempre parlando di biscotti, ad esempio, durante la colazione c'è chi preferisce prodotti alternativi come ad esempio le fette biscottate o i cereali. Certo, si tratta decisamente di un altro tipo di alimento, ma chi lo produce e vende è costretto ad affrontare il tuo stesso problema. Potrai quindi presentare le differenze tra gli alimenti che portano vantaggi alla tua causa. Persone esperte possono essere anche alleate, puoi infatti decidere di "appoggiarti" a un portavoce influente per la tua idea. Robert Cialdini ne parla nei suoi libri attribuendo un grandissimo valore all'autorevolezza della referenza. La gente si fida delle persone autorevoli. Quindi, identifica quali sono le persone che hanno una grande influenza positiva in un certo ambito e prova ad attirare il loro interesse affinché sostengano la tua idea.

Illustra la tua idea, la tua visione

Qui devi mostrare le carte, cioè spiegare come la tua offerta risolve i problemi del tuo pubblico, o alcuni di essi. Questa, in particolar modo, non si tratta assolutamente di una fase dettagliata, qui devi semplicemente riassumere il tutto in poche accurate parole, chiare e precise, per mantenere alta l'attenzione dei tuoi interlocutori. Tornando ai biscotti di cui prima un modo di riassumere in modo chiaro la tua idea potrebbe essere: "Se vuoi crescere in maniera sana il tuo bambino offrigli una alimentazione salutare e completa. Due biscotti risolvono molti problemi anche con figli che non vogliono mangiare". Prova anche a raffigurare la tua idea visto che la mente pensa per immagini, non per concetti. Slide, storyboard e video sono ottime soluzioni.

Mettici qualcosa in più

Quello che proponi deve offrire qualcosa in più degli altri e devi saperlo evidenziare, mettendolo in mostra a dovere. Nel marketing tutto ciò viene definito come "Unique Selling Proposition" (USP), traducibile in italiano come "Proposta Unica di Vendita". Ad esempio "Il biscotto è altamente digeribile, senza glutine, senza lattosio, senza zuccheri aggiunti". Ma quel qualcosa in più a cui mi riferisco può anche riferirsi alle emozioni, che poi sono alla base della presa di decisioni, come è stato dimostrato da numerose ricerche. Se fai leva sulle emozioni riuscirai a far schierare più facilmente gli altri dalla tua parte. Pensa alle storie che vengono raccontate nel mondo: poche di queste si basano sui fatti. Tutte sono radicate nei caratteri e nelle emozioni dei personaggi che le animano. Quando offri la tua idea, fallo accompagnandola da una trama avvincente, crea connessioni emozionali con il tuo interlocutore.

Non trascurare la disponibilità

Fai sapere dove è possibile trovare ciò che offri. Tornando all'esempio del biscotto devi pensare che se sei riuscito a convincere ad acquistarlo deve poi essere facile trovarlo per provarlo e inoltre è importante fidelizzare il cliente all'acquisto. L'obiettivo è che ne diventi un consumatore abituale e non occasionale. La disponibilità dell'offerta attira sempre l'attenzione. Questo è un passo necessario che renderà credibile e sostenibile ogni tipo di idea e il suo modello di business. In altre parole: "Vuoi un consiglio? Ti è piaciuto? Semplice, amico, mi trovi sempre qui!"

Fatti trovare pronto

Ricordi Jack Burton in "Grosso guaio a Chinatown?". Esatto... tu, come lui, devi essere nato pronto! Scherzi a parte, in chiave romantica è bello essere dei precursori ma è sempre meglio arrivare al momento giusto piuttosto che restare degli incompresi. Se pensi che la tua idea sia in anticipo sui tempi, non abbandonarla, continua a portarla avanti e cerca di capire quando è il momento migliore per proporla.

Il colpo finale

Dopo aver terminato la presentazione, rafforza
l'idea di business con la materializzazione del
prodotto: attraverso un'azione a sorpresa che renda
tangibile quello di cui si sta parlando. Un esempio
può essere, nel caso dei biscotti, estrarre da sotto il
tavolo una campana in acciaio con una degustazione
del prodotto a fine presentazione.

CAPITOLO 5

Come creare uno stato mentale in cui le persone sono pronte ad accettare le tue idee

A volte capita di trovarsi di fronte a persone così ferme e chiuse sulle proprie idee da risultare inamovibili. Certo, devi ascoltare e considerare la versione degli altri, che può sempre risultarti utile per diversi motivi, ma allo stesso tempo è molto importante per te riuscire a far accettare la *tua* versione. Hai bisogno quindi di approcciarti in un certo modo, che ti illustrerò qui di seguito, per convincere il tuo interlocutore dell'effettiva validità delle tue idee.

Quali sono gli elementi dell'influenza?

Al livello più semplice, l'influenza è la combinazione efficace di tre elementi:

- Un comunicatore: la persona che vuole influenzare le altre;

- Un messaggio: ciò che il comunicatore vuole

che gli altri facciano o credano;

- Un pubblico: il ricettore del messaggio.

Il comunicatore ha un messaggio che vuole far capire e accettare dal pubblico... ma come fare affinché il processo fili liscio e funzioni? Che cosa contribuisce a fare in modo che il messaggio arrivi al destinatario? Non basta essere un buon oratore o avere dati credibili a supporto delle idee per convincere tutti.

Il comunicatore e il messaggio sono fondamentali: un comunicatore forte con un messaggio importante può guadagnarsi il consenso di una buona parte del pubblico, ma come fare?

Stabilire le basi

Prima di tutto bisogna avere chiari alcuni consigli generali che aiutano a stabilire le basi per influenzare successivamente il pubblico rendendo gli sforzi futuri meno impegnativi e con maggiori probabilità di successo.

Crea reti: è bene cercare costantemente opportunità per creare nuove relazioni e per rafforzare quelle già esistenti. È importante farlo per due buoni motivi: prima di tutto ciò rappresenta una porta aperta per influenzare in futuro chi si vuole influenzare; se non si conosce direttamente una persona si può arrivare a essa attraverso un conoscente che ha rapporti con lei e che potrebbe raccomandare o programmare una riunione insieme. Risulta infatti difficile influenzare una persona con cui non si ha alcuna relazione. Ricordati che, in linea di massima, tra te e l'individuo che desideri raggiungere ci sono soltanto due persone. Esatto, proprio così: devi solo individuare questi due collegamenti per raggiungere una terza persona, il tuo obiettivo. Tu conosci il primo collegamento, quest'ultimo conosce il secondo, e quest'ultimo a sua volta conosce la terza persona, quella che desideri raggiungere. Pensaci bene.

Considera che la credibilità ha un peso: purtroppo non sempre si può arrivare a conoscere direttamente tutto il pubblico che si vuole influenzare, ciò accade soprattutto quando si vuole convincere un largo pubblico in poco tempo. Quando non si conoscono personalmente le persone è ancora più importante che ciò che conoscono di noi sia positivo. Essere affidabile e credibile è fondamentale per il pubblico, cosa ci dà credibilità? Le seguenti caratteristiche aiutano:

• Dimostrare di essere a conoscenza di ciò di cui si parla;

● Avere uno status di un certo livello agli occhi della comunità;

● Fare in modo che il pubblico si fidi di noi;

● Piacere al pubblico;

● Essere simile alle persone del pubblico, per esempio esprimendo opinioni o valori che sono condivisi da loro.

Questi punti sono in relazione tra loro e spesso si influenzano a vicenda.

Trasmetti affidabilità per questioni personali e professionali: se si ha una storia di onestà e di responsabilità rispetto alle promesse fatte, questa fama arriverà lontano e sarà più facile influenzare le persone che si fideranno facilmente di ciò che le si dice e non cercheranno elementi sospettosi tra le righe del discorso.

Resta aperto a suggerimenti e nuove possibilità: essere flessibile è sempre una buona idea e lo è ancora di più quando si cerca di convincere qualcuno. Arrivare a una riunione pronunciando una frase lapidaria come: "Faremo come dico io" non aiuta a convincere nessuno. Tuttavia, aldilà di questo esempio, bisogna rendere questo atteggiamento una costante, è fondamentale imparare ad ascoltare le idee e le opinioni delle persone e prendere in considerazione ciò che hanno da dire. Facendo così si migliorano le abilità comunicative e si conosceranno meglio i punti da approcciare per influenzare quelle specifiche persone.

Parla forte e chiaro: questo punto è particolarmente importante per le persone che vogliono influenzare gli altri in una riunione di gruppo, ad esempio. Di solito, ciò che si dice in questo genere di situazioni ha a che fare con il ruolo e l'influenza che si ha rispetto agli altri membri ed essere timido e distante non è di grande aiuto.

Quindi, per quanto sia fondamentale ascoltare chiunque in modo attento è anche importante sapere emettere il messaggio in modo chiaro e sicuro per influenzare chi lo riceve.

Ricorda che le persone ascoltano solo ciò che vogliono sentire: di solito le persone non vanno in un luogo dove potrebbero ascoltare un'opinione diversa dalla loro. In altre parole, i soggetti a cui si vuole arrivare, le cui opinioni o idee sono molto diverse dalle tue, probabilmente non verranno a bussare alla tua porta. Per questo bisogna ingegnarsi per trovare modi affinché ti ascoltino.

Non aspettarti risultati dall'oggi al domani: le cose fatte bene richiedono tempo, che ti piaccia o no. I cambiamenti di opinione possono avere bisogno di un certo tempo prima di accadere e ciò ha senso, basti pensare che le persone a volte impiegano una vita a farsi un'opinione ed è quindi prevedibile che non sia facile cambiarla dopo una semplice conversazione. Influenzare le persone affinché cambino i loro comportamenti (non solo le idee) può richiedere persino più tempo; a volte, persino quando qualcuno sa che dovrebbe fare qualcosa non lo porta a termine in modo rapido ed efficace. Un esempio per tutti? Parla con un fumatore che sta cercando di smettere di fumare, per quanto sappia che è la cosa migliore da fare non la porta a termine con facilità e in modo rapido.

Come convincere qualcuno ad accettare le tue idee

Un errore che facciamo tutti è quello di cercare di forzare la realtà quando si desidera imporre delle idee; devi invece considerare che tutto ciò che vuoi che accada è qualcosa di ideale mentre quello che accade è di fatto reale. Se qualcuno prende un impegno con te e ti fa una promessa ti aspetti che questo impegno venga rispettato ma, purtroppo, non sempre le cose vanno in questo modo.

Se stai leggendo queste pagine è perché sei curioso, vuoi migliorarti e sei spinto dalla volontà, dal desiderio di imparare a gestire al meglio le relazioni dalle quali non puoi sottrarti e per rendere le persone che ti circondano quotidianamente più accomodanti, flessibili, aperte, affidabili, leali. Chi non lo vorrebbe? Parti però da un presupposto fondamentale: stai giudicando la realtà come se questa ti giungesse dall'esterno senza alcuna correlazione con il tuo essere, ma di fatto è la tua stessa idea ad influenzare la realtà. Quello che accade è un dato di fatto mentre la tua interpretazione è solo una tua opinione che diventa il tuo modo di vedere la realtà.

Non devi però rinunciare affatto alle tue idee anche se possono sembrarti troppo rigide rispetto alle probabilità che vengano rispettate, ma devi semplicemente iniziare a adottare strategie più efficaci.

Avere buone idee è positivo ma non basta, queste devono essere accettate per poter dare i loro frutti. Si deve quindi avere un'influenza positiva sulle persone e una buona capacità persuasiva per far sì che le tue opinioni vengano accettate.

L'idea che vuoi proporre, qualunque essa sia, deve essere messa sul campo accompagnata da una logica impeccabile, la tua comunicazione al riguardo deve essere adeguata, per questo motivo devi riuscire a entrare in sintonia con gli altri, arrivare a toccare corde che sai essere importanti per i diversi interlocutori che ascoltano la tua proposta. Se riesci a far sentire coinvolti gli altri nel tuo processo creativo mostrando interesse e attenzione verso ciò che pensano, ti sarà più facile far accettare il tuo punto di vista.

Ricorda però che anche qui devi considerare quale possa essere il miglior approccio per l'occasione; ad esempio se vuoi controbattere a un video che hai visto su Facebook o su Youtube, non puoi farlo con un testo scritto; questo tipo di risposta o reazione non avrebbe la stessa efficacia dell'azione che l'ha sollecitata, quindi dovrai rispondere per forza con lo stesso strumento, in questo caso un video. Niente paura, se ti è impossibile editare un video in maniera professionale puoi sempre ricorrere a un video live in diretta, assicurandoti di prepararlo nel migliore dei modi possibili, scegliendo accuratamente il luogo da cui registri e il contenuto del messaggio.

La gatta frettolosa fece i gattini ciechi, così recita il noto proverbio. Non affrettarti, la fretta è sempre cattiva consigliera; impara piuttosto a procedere a piccoli passi, senza però soffermarti o attardarti troppo, non devi essere perfetto e per convincere qualcuno è necessario avere anche il giusto tempismo, per gli inglesi è il "timing", o se preferisci c'è anche la classica e intramontabile versione latina, "carpe diem"; insomma, devi saper cogliere il momento giusto. Detto questo, considera che esistono diversi modi con cui puoi preparare lo stato mentale altrui per far recepire al meglio le tue idee e il tuo messaggio.

Innanzitutto, devi riuscire a mostrarti sempre adeguato all'idea, dimostrando di essere un vero esperto in quel settore. Sei tu infatti che in quel momento desideri avere in mano le redini della conversazione, quindi è compito tuo cercare di consigliare al meglio, imponendoti ma senza mai risultare aggressivo. Ricorda che anche quando stai cercando di convincere qualcuno stai mostrando la tua esperienza e il tuo credo e non è consigliabile legare la tua immagine a qualcosa di negativo come la violenza verbale. Piuttosto è bene conoscere il background dell'altra persona e per questo motivo devi ricorrere all'utilissima abilità dell'ascoltare. Attenzione che non è sufficiente stare a sentire in maniera passiva e superficiale, devi ascoltare molto attentamente quello che l'altro ha da dire, creando di fatto un autentico legame empatico.

Non sottovalutare mai le idee altrui

Non devi mai sminuire ciò che gli altri hanno da dire. Se lo fai finirai solamente per passare per saccente, mettendoti in cattiva luce, predisponendo così un blocco ricettivo da parte dell'altra persona. Non criticare ma mostrati ottimista nel valutare le parole altrui, anche se a tuo parere non sono troppo brillanti. Non ridicolizzarle ma metti in campo le tue conoscenze per far capire all'altra persona quali vantaggi otterrebbe accettando le tue idee.

Educa

Ognuno ha un suo ruolo, anche tu, e per questo motivo devi essere educato nel rispettare le diverse posizioni degli altri. Grazie ad un rapporto di fiducia potrai riuscire a far accettare meglio le tue idee. Non tutti sanno quello che realmente conosci, ciò che sai, quello che vuoi fare ecc., educarli quindi si dimostra sempre un'ottima mossa.

Presenta i contenuti sempre in modo adeguato

Non bisogna mai sottovalutare nessun aspetto; se vuoi far accettare la tua idea devi presentarla al meglio, spiegare i concetti importanti in modo chiaro e preciso, usare un gergo che sia adeguato all'occasione. Se parli di politica, ad esempio, dovrai ricorrere a un lessico prettamente politico, se parli di calcio, dovrai invece utilizzare un linguaggio più informale, più sportivo.

Elenca i vantaggi

Non perdere tempo a proporre aria fritta, ma mostra in dettaglio tutta la serie di vantaggi che la tua idea può generare a chi è disposto a riceverla. Prima ti abbiamo consigliato di ricorrere a un linguaggio specifico, è vero, ma non devi esagerare, troppi tecnicismi possono solo essere dannosi a livello comunicativo perché potrebbero abbassare la soglia di attenzione dell'altro. Vai dritto al punto con concetti semplici.

Mostra prima il problema e poi la soluzione

Prima di parlare della tua idea, presenta il problema e soffermati sui suoi lati più negativi. "Gira il coltello nella piaga", ingrandisci gli aspetti scomodi o gli inconvenienti nella mente del tuo interlocutore. Dopo aver fatto ciò, sarà molto più facile far accettare la tua idea come una possibile soluzione.

Tattiche per influenzare gli altri

Vediamo di seguito alcune semplici tattiche da tenere presenti per quando dovrai influenzare qualcuno. Come abbiamo già accennato è sempre conveniente avere "il terreno già preparato" ma alcune delle strategie che leggerai possono funzionare anche con persone che non conoscevi prima di volerle influenzare.

Usa i confronti

Alle persone piace fare ciò che fanno gli altri, se tutti firmano una petizione è bene farlo sapere a chi si vuole influenzare perché tenderà a voler fare ciò che fanno gli altri per non sentirsi da meno.

Dai in cambio qualcosa

Sin da piccoli abbiamo imparato che se qualcuno ci regala qualcosa, dobbiamo dargli qualcosa in cambio; se qualcuno ci sorride, gli sorridiamo anche noi; se riceviamo un regalo di Natale da qualcuno e non abbiamo pensato a niente per lui ci sentiamo in colpa...

Questa idea di reciprocità può essere molto potente per le persone che cercano di influenzare gli altri a compiere una determinata azione; dando alle persone qualcosa di piccolo esse si sentiranno nella condizione di dover rendere il favore e saranno più aperte a pensare "è qualcosa di buono da sostenere".

Fai in modo che le persone si abituino a dire di sì

Di solito quando una persona prende una posizione deve essere coerente a essa; se si riesce a mettersi d'accordo con qualcuno su vari punti relazionati a ciò che si vuole che creda o faccia sarà poi più semplice fare in modo che si decida a metterli in pratica.

Influenzare in situazioni difficili

Quando l'intenzione è quella di influenzare un pubblico aperto e amichevole affinché faccia qualcosa che non è ancora disposto a fare sono necessari tempo e lavoro; è infatti importante trovare la persona giusta che comunichi con quel pubblico, pensare a come presentare le argomentazioni e avere il tempo sufficiente per raggiungere gli obiettivi preposti.

Tuttavia, la situazione diventa ancora più complicata quando si cerca di influenzare persone in situazioni complicate. Per esempio, se il comunicatore e il pubblico non si conoscono o se non si apprezzano a vicenda oppure nel caso in cui si voglia richiedere al pubblico di fare qualcosa di particolarmente difficile e impegnativo che è evidente che non vorrebbero fare.

Quando le cose si complicano è facile abbattersi, arrabbiarsi e rischiare di peggiorare la relazione, tuttavia non bisogna arrendersi. È bene fare un passo indietro e pensare ai seguenti trucchi per influenzare il pubblico.

Cercare di mantenere la giusta prospettiva su tutto

È facile perdere di vista il panorama generale quando una situazione diventa tesa o esplosiva. Mantieni una vista "a volo d'uccello", immagina di guardare letteralmente la stanza dall'alto, come se i tuoi occhi fossero una telecamera appesa al soffitto. Sforzati di avere una visione d'insieme che sia più ampia rispetto alla tua visione da individuo.

Mantenere le emozioni sotto controllo

Arrabbiarsi non porta a niente di buono e, al contrario, anche la persona che si sta cercando di influenzare potrebbe venire contagiata da questa emozione e infastidirsi. Inoltre, quando uno è troppo immerso in un'emozione non pensa con chiarezza e può dire cose o prendere decisioni che lo possono portare a pentirsi in un secondo momento. Arrabbiarsi non fa bene a nessuno.

Se senti che stai per perdere la calma prova a mettere in pratica le seguenti tecniche che contribuiranno a rilassarti:

● Chiedi se potete prendervi una pausa per schiarire le idee, in alternativa puoi andare in bagno o bere un caffè.

● Cambia argomento, se la conversazione non sta andando da nessuna parte parla di altro per un breve periodo.

● Se sei in una riunione con più persone lascia parlare qualcun altro mentre tu ti calmi.

Non prendere sul personale la situazione

È facile credere che alcune frasi sono un attacco personale ma ciò non aiuta perché sarai portato a non ascoltare con la giusta attenzione. Se sei tu che devi criticare qualcosa fallo riferendoti a un programma o a un'azione, non al tuo pubblico.

Cerca di capire perché le persone si comportano in quel modo

Una persona può comportarsi in un modo che ti sembra ridicolo ma devi pensare che per lei non è così. Conoscendo a fondo le motivazioni che la portano ad agire in quel modo potrai migliorare le tattiche per arrivare a lei, convincerla e ottenere poi ciò che vuoi che pensi o faccia.

Cambia le tattiche

Se ciò che stai mettendo in pratica non sta portando

i risultati sperati, forse devi provare qualcosa di diverso. Sapere quando è il momento di cambiare tattica è fondamentale e per questo è importante avere in mente diverse prospettive quando si entra in contatto con il pubblico da influenzare.

Prenditi una pausa

È importante concedersi del riposo quando credi di averne bisogno, ti aiuterà a stemperare le tensioni e sarà utile sia per te, il comunicatore, che per il tuo pubblico, il quale durante tale pausa avrà modo di valutare la situazione e le tue proposte.

Torna a un punto di accordo

A volte, se qualcuno dice "no" a un punto critico del discorso la strategia migliore è quella di tornare a un punto che aveva accettato e in cui comunicatore e pubblico erano d'accordo. A volte le persone possono cambiare idea durante la conversazione se le osservano da diversi punti di vista.

Cerca di trovare un'altra persona in grado di influenzare il tuo pubblico

Se ti rendi conto che è difficile andare avanti nella strategia di convincimento pensa se conosci qualcuno che potrebbe riuscirci al posto tuo. A volte può darsi che tu non sei la persona più adatta per convincere di un messaggio ma qualcun altro può farlo per te perché forse ha maggiore influenza su chi vuoi persuadere.

Considera la possibilità di chiedere aiuto a un mediatore qualificato

Se noti che il messaggio non viene accettato dal pubblico e per te è importante arrivare a un accordo prendi in considerazione la possibilità di chiedere aiuto a un mediatore. Si tratta di una persona che non fa parte né del pubblico né di un gruppo dell'opposizione ma che è considerato affidabile da tutti. Questa persona può aiutare entrambe le parti ad arrivare a un punto in comune che risolva la situazione in questione.

Capisci quando è il momento di arrenderti o di ritirarti temporaneamente

Esistono situazioni in cui anche i leader più capaci non riescono a convincere il pubblico di un determinato messaggio. Forse si può convincerli ma il prezzo (di tempo, energia e volontà) è troppo alto. Quando si sta cercando di influenzare qualcuno bisogna avere anche ben chiaro quando è il momento di ritirarsi e risparmiare "munizioni" per un altro momento.

CAPITOLO 6

Saper conquistare il consenso degli altri, guadagnandone l'approvazione

In nessun tipo di comunicazione che avvenga in ambito lavorativo o personale si deve elemosinare l'attenzione e l'approvazione. Non sempre dimostrarsi gentili e disponibili è qualcosa che paga, anzi in certi ambienti è visto come segno di debolezza, quindi per conquistare senza troppa fatica l'approvazione che desideri devi trasmettere l'idea che sei diverso, che non ti fai intimidire dai fattori esterni come la bellezza esteriore o il ruolo sociale ricoperto dall'interlocutore.

Devi anche saper dire di no quando è necessario e non devi avere paura di non essere d'accordo. Se presenti, esponi, argomenti il tuo punto di vista in maniera chiara puoi subito metterti sotto una nuova luce agli occhi degli altri. Se vuoi avanzare in ambito professionale, avere influenza su un gruppo di amici, guadagnare consenso, ecc. è bene che ti fermi un attimo a rispolverare i principi fondamentali per riuscirci. Come spesso accade, si fanno progressi anche guardandosi alle spalle, perché quello che già sai può tornarti utile anche se magari al momento pensi che non serva. Ci sono alcuni principi di base che oggi sono ancora molto validi ed è forse il caso di riscoprirli, di ristudiarli e riapplicarli. Vediamoli insieme.

Prima di tutto devi essere empatico, cioè devi saperti mettere sullo stesso piano comunicativo ed emotivo della persona con cui sei in contatto e che stai cercando di convincere. Per risultare empatico devi saper ascoltare non solo con la mente ma anche con il cuore e per fare ciò devi essere in grado di metterti nei panni degli altri. Creando empatia acquisti fiducia agli occhi dell'altro e la fiducia è qualcosa che ti serve se vuoi ottenere consensi. Empatia e sincerità servono per sviluppare la comunicazione persuasiva.

È importante conoscere bene l'altra persona. Ogni azione intrapresa alla ricerca di consenso deve effettivamente basarsi sulle caratteristiche specifiche dell'altro, sia che si tratti di un amico che di un cliente. Ricorda inoltre: con chiunque tu stia parlando per qualsiasi ragione, anche se il tuo interlocutore è un semplice aggregato dell'ultimo minuto, o un soggetto inserito in gruppi o liste, questa persona deve essere sempre rispettata nella sua specificità. In ogni occasione devi sempre rivolgerti a un interlocutore preciso, con il suo nome. Più riuscirai a creare una comunicazione personalizzata, più vedrai aumentare le probabilità di consenso.

Conoscere l'interlocutore è il principale segreto per riuscire ad avere il suo consenso. Ma come puoi conoscere qualcuno? La risposta è semplice: ascoltandolo! L'ascolto è una calamita, attira le persone. L'ascolto di tipo attivo è uno degli aspetti più importanti della comunicazione e la persuasione nasce anche da questo. Ascoltare attivamente non è semplice però è molto utile perché si tratta di un gesto che permette di far crescere l'autostima dell'altro; al contrario, se qualcuno si accorge di non essere ascoltato a dovere sarà poi impossibile da convincere. Per riuscire a praticare un ascolto attivo e per non perdere la fiducia del tuo interlocutore ci sono alcune cose che non devi assolutamente fare:

Non interrompere; non completare le frasi altrui; non intervenire a sproposito e non ignorare.

Avere una conoscenza poco approfondita dei tuoi interlocutori porta a una serie di impedimenti nella costruzione di una comunicazione efficace. Un legame debole non permette di saldare una relazione con l'interlocutore e quindi sarà quasi impossibile portare questo tipo di conversazione a un consenso. Se vuoi convincere, devi suscitare interesse e saper mantenere viva l'attenzione. Ottenere un livello di interesse costante è molto difficile e devi fare in modo che gli altri siano interessati a ciò che dici. Se ti accorgi che mentre parli l'attenzione sta calando devi comprenderne il motivo. Forse il tuo discorso appare noioso, hai perso dettagli importanti, usi un linguaggio incomprensibile e troppo tecnico? Un consiglio molto semplice per evitare possibili cali di attenzione è quello di iniziare il discorso con un aneddoto particolare, porre domande provocatorie, proporre una seduta di brainstorming, raccontare esperienze personali e/o ricorrere ad esempi concreti. Scegli una di queste azioni per rompere il ghiaccio, quella che è più congeniale a te, così il tuo interlocutore capirà che sei genuino e ti ascolterà con maggiore interesse.

Non trascurare i segnali del corpo

Anche la comunicazione non verbale è molto importante: quando parli e ascolti, esprimi sentimenti ed emozioni tramite il linguaggio del corpo. Posture e gesti hanno sempre un significato e devi imparare a leggerli. L'interpretazione degli atteggiamenti umani si basa principalmente su fattori visivi e auditivi.

Se l'interlocutore riscontra coerenza tra le tue espressioni e le parole che pronunci sarà portato a provare fiducia nei tuoi confronti e ti sarà possibile esercitare quindi una maggiore influenza, ma se le tue espressioni contraddicono quello che dici non convincerai mai nessuno.

Ci sono quindi alcuni segnali che dovrai imparare a evitare: incrociare braccia e accavallare gambe da seduto indicano che si è sulla difensiva e se stai parlando con qualcuno che tiene queste posizioni può significare che non stai certo ispirando fiducia.

Sorridere poi è un gesto semplice che porta sempre a molti risultati positivi. Non ti costa nulla e può sbloccare diverse situazioni di stallo. Ricorda di mantenere un contatto visivo diretto con l'interlocutore, questo tipo di azione dimostra interesse e attenzione.

Pensare solo a convincere nel qui ed ora quando si parla, in realtà, è un errore madornale compiuto da molti, è molto meglio conquistare il consenso e la fiducia dell'altro nel medio e nel lungo periodo. Come? Semplice, lo hai già letto, creando un rapporto personale genuino e sincero, stringendo cioè una relazione.

E se qualcuno perde la fiducia in te, nulla è perduto, certo non ti sarà facile ma il consenso si può recuperare, non ti abbattere! In fondo hai già fatto tanta fatica per conquistare la fiducia di qualcuno che poi sarebbe davvero una follia perdere subito la possibilità di recuperare la credibilità con questo contatto. Infatti, come già detto, se vuoi davvero riuscire ad avere consenso devi smetterla di ragionare sul breve periodo e devi cominciare a pensare sul lungo termine. Inoltre, non devi credere che dopo aver convinto una persona una volta, il gioco sia fatto, perché nel bene e nel male è qui che viene il bello: saper rinsaldare il legame costantemente.

Un ultimo consiglio in merito è quello di sfruttare a dovere il potere delle parole. La parola giusta pronunciata al momento giusto fa miracoli ma non è qualcosa che deve essere lasciato al caso. Tutti possono comunicare bene, basta esercitarsi e fare pratica. Adotta uno stile comunicativo di tipo aperto, sii flessibile, favorisci il confronto e non arroccarti su posizioni rigide. Potrà sembrarti strano ma se seguirai questi semplici consigli vedrai come questi porteranno gli altri ad essere più propensi a adottare il tuo stesso punto di vista. Ricordati, infatti, che non esistono relazioni difficili o impossibili, ma soltanto *inflessibilità*.

CAPITOLO 7

Otto segreti delle persone magnetiche

La gente può dimenticare ciò che le hai detto, ciò che hai fatto ma difficilmente è in grado di dimenticare come l'hai fatta sentire. Quando si pensa a una persona "magnetica" è probabile che venga in mente l'immagine di qualcuno che, non si sa bene perché dato che non c'entra la bellezza né l'aspetto estetico, attira l'attenzione semplicemente con la sua presenza. Nonostante alcune persone possano avere questo talento dalla nascita, chiunque può identificare ed "esercitare" queste otto caratteristiche per diventare una persona magnetica.

Non parlare in modo categorico

Essere categorico implica affermare o negare qualcosa in modo assoluto, senza condizioni né alternative, in modo rigido. Quando dici qualcosa come "La Juventus è la migliore squadra del mondo, punto e basta", come se si trattasse di una considerazione appena emessa dall'ONU, generi poco magnetismo perché questo concetto può avere in realtà un'infinità di sfumature. Le persone magnetiche parlano di ciò che gli piace o di ciò che ammirano in un altro modo; comunicano diversi aspetti di un concetto e non sono categorici, la frase potrebbe essere più simile a: "Può essere che la Juventus, in qualche momento storico, sia stata la migliore squadra del panorama italiano".

Concedi il beneficio del dubbio

Per capire l'importanza di seguire questo concetto per diventare una persona magnetica basti pensare al seguente esempio: immagina di essere al lavoro e che un cliente o collaboratore ti promette di chiamarti il venerdì mattina ma arriva la fine della giornata e non hai ancora ricevuto sue notizie. Se non sei una persona magnetica è probabile che, prima di sapere che cosa possa essere successo, metta in discussione l'affidabilità di quella persona o che arrivi a dirgli: "Fai sempre così", "Sono stanco di vedere come non mantieni le promesse". Ciò ti fa perdere carisma e ti trasforma in una persona poco magnetica. Chi lo è davvero è in grado di trasformare le accuse, "le sgridate" e la rabbia in domande e utilizzano una frase "magica": "Forse c'è stata un'incomprensione o qualche errore...". Non mettendo in gioco accuse e non mettendo in discussione in partenza le altre persone, incentivi l'avvicinamento e il magnetismo.

Non generalizzare

Quando dici frasi come "Tutti dovrebbero essere estroversi" potresti ferire più di quanto immagini chi è timido e riservato per natura. A volte si pronunciano sentenze con una sfumatura universale che in realtà fanno riferimento a una situazione specifica e puntuale del tempo, da contestualizzare. Per questo quando bisogna fare un'affermazione o dare un consiglio gli esperti consigliano di fermarsi e soppesare ciò che si sta per dire e capire se è una verità universale o invece una semplice preferenza personale. Un trucco utile è iniziare le frasi con "Secondo la mia esperienza..."; non è infatti la stessa cosa dire "Tutti dovrebbero essere estroversi" rispetto a "Secondo la mia esperienza conviene parlare con la gente ed essere aperti alle relazioni interpersonali."

Evita le parole assolute

Utilizzi spesso parole come "sempre", "mai", "tutto" o "niente"? Se credi che le sentenze rigide e taglienti offrano un'immagine di te paragonabile a quella di una persona forte potresti dover cambiare opinione. Utilizzare un linguaggio più diplomatico con intercalari come "tuttavia", "probabilmente", "potrebbe darsi", "alcune persone credono" ecc. può risultare più efficace; evita le parole rigide, sii flessibile e aperto per ottenere un migliore equilibrio interiore e migliorare anche le relazioni interpersonali nella vita privata e sul lavoro.

Usa l'espressione: "Io credo che"

Al momento di dire la tua corri il rischio di esprimere sentenze assolute che, in qualche modo, creano una sorta di gerarchia nella relazione con l'altro. Se a una persona che ha appena esposto il suo progetto gli dici che non è adeguato, otterrai come risultato che si sentirà inferiore. Per essere magnetico è importante evitare di stabilire queste gerarchie invisibili. Per farlo bisogna eliminare il giudizio di valore e trasformarlo in una semplice opinione.

Utilizza un linguaggio di conciliazione

Questo consiglio si allinea con un altro, quello di concedere sempre il beneficio del dubbio e con l'importanza di eliminare giudizi di valore su cose e persone. Se una persona vuole acquisire magnetismo deve evitare di cadere nella tentazione di dare le colpe in modo subdolo o di mettere costantemente in dubbio ciò che fanno o dicono gli altri.

Evita commenti da megalomane

Adottare un comportamento che riflette una posizione sociale ed economica superiore a quella reale è davvero poco consigliabile, sminuisce e non rende interessanti. Qualsiasi cosa che ha l'intenzione di far sentire inferiori gli altri o che trasmette il fatto che li si considera di minor valore ha come effetto il loro allontanamento. Questo genere di comportamento non aumenta il carisma, bensì garantisce l'effetto contrario.

Elimina il sarcasmo

L'ironia, la crudeltà e i commenti sarcastici, sia se fatti con amarezza che per lamentarsi di qualcosa, non aiutano a guadagnare magnetismo. Ciò che si dice seriamente può avere l'effetto di un muro nella comunicazione, ciò che invece dici con sarcasmo ricorda piuttosto una tenda; in questo senso quando fai un commento ironico cerca di puntare su una qualità positiva dell'altro e non negativa, così facendo creerai una certa connessione con l'interlocutore che potrà ridere più facilmente della tua battuta.

Caratteristiche della personalità di una persona magnetica

Secondo alcuni esperti chi è magnetico è, in generale, una persona che ha lavorato su se stesso, educando il suo carattere; la sua visione del mondo è ricca e gli permette di spendersi in diversi ambiti con entusiasmo. Si tratta di una persona che affronta i problemi, che si preoccupa per gli altri e che è in costante ricerca di sapere qualcosa di più. Sviluppa la sua personalità per adeguarsi a un numero sempre maggiore di persone.

Il grande potere di seduzione dell'empatia è sempre più evidente. Si materializza come una sorta di necessità impellente che la persona magnetica sente rispetto al capire l'altro, scoprire nuove idee o forgiare nuovi modi di pensare. La sua capacità di ascolto è chiara e sa stabilire relazioni armoniose sia con uomini che con donne, li capisce, li appoggia a un livello profondo e ciò fa sì che sia molto amato sia come amico che come partner.

Una persona magnetica risveglia nell'altro una sorta di confidenza immediata perché è in grado di valorizzare gli aspetti positivi di ogni persona, entusiasmandosi per i loro progetti; di conseguenza gli altri si sentono confortati e assecondati nei loro interessi.

Questo atteggiamento altruista di appoggio e disponibilità per gli altri è un tratto di personalità che attira le altre persone, soprattutto quando una viene presa in considerazione per una relazione a lungo termine.

Comportamenti tipici di una persona magnetica

Vediamo alcuni comportamenti e atteggiamenti tipici di una persona che risveglia una certa attrazione negli altri; è una lista di abilità che vale la pena avere in mente e "allenare" se si vuole diventare una persona magnetica:

- Ha voglia di saperne sempre di più su

praticamente qualsiasi argomento e non pensa di sapere già tutto.

- È sempre disposto a esplorare nuove modalità di ragionamento e pensiero.

- È capace di mettere in dubbio ciò che già sa e di esaminare i suoi pregiudizi di ogni genere: scientifici, sociali o culturali.

- Ha amici conosciuti in diversi modi e che appartengono a diverse culture, ceti sociali, ecc.

- È in grado di guardare la vita con occhi nuovi, di entusiasmarsi, di apprezzare la bellezza in ogni piccolo dettaglio.

- Vede i lati positivi di tutto e tutti e non si concentra sui difetti.

- Mantiene amicizie stabili e fidate, riesce a raggiungere gli obiettivi che si propone ed è un ottimo confidente a cui comunicare le proprie difficoltà.

- Cerca di capire a fondo gli altri e non si limita a giudicare le apparenze.

- Non ha un'immagine statica di se stesso, non si identifica con un unico ruolo e lascia il futuro aperto a ogni possibilità senza paura di evolvere e cambiare.

- Cerca di conoscere le radici della sua identità, la sua personalità più profonda.

- Percepisce la vita, gli altri e la situazione che vive nel presente nella loro globalità, in uno schema generale che gli evita di perdersi nei dettagli.

- Vive in armonia con il mondo, consapevole che fa parte di una coscienza più vasta.

Le regole del magnetismo di William Atkinson

Atkinson, un autore che ha scritto diversi best seller in ambito di sviluppo personale, ha redatto un manuale pratico in cui analizza i principi di attrazione e suggerisce esercizi per sviluppare al massimo il proprio potenziale magnetico. Il testo si intitola "Corso avanzato in magnetismo personale: come risvegliare il carisma magnetico e il tuo potere di attrazione".

Il testo inizia con alcuni spunti di riflessione esposti sotto forma di regole che qualsiasi persona intenzionata a potenziare il proprio magnetismo può mettere in pratica.

1. Credi in te stesso e nel fatto che puoi avere tutto il potere che vuoi

Bisogna stare attenti e non travisare questo punto, non significa infatti che basta volere qualcosa per ottenerla ma piuttosto che è fondamentale conoscere se stessi, la propria essenza più profonda e di cosa abbiamo davvero bisogno per sentirci davvero realizzati. Così facendo sarà più semplice sviluppare un magnetismo personale autentico, portando alla luce la propria bellezza interiore e non autoconvincendosi di poter ottenere qualsiasi cosa ad ogni costo.

2. Prendi la decisione di credere in te stesso agendo con sicurezza e fiducia nelle tue scelte

Secondo Atkinson un buon esercizio per credere in se stesso ed essere di conseguenza efficace nelle proprie azioni è quello di ripetersi spesso la seguente frase: *"Io sono potere. Il mio comportamento e lo spazio intorno a me esprimono vigorosamente attività, coraggio e potere personale. Questo sono io. Questo è il mio atteggiamento. Ho abbastanza per guadagnare fiducia e rispetto"*.

Puoi provare a leggerla ogni mattina allo specchio per un mese e vedere se noti qualche cambiamento nella tua vita quotidiana.

3. Familiarizza con gli strumenti che contribuiscono a fornire magnetismo personale

Per fare ciò, secondo l'autore, è importante conoscersi a fondo per identificare quali elementi stanno inibendo il proprio potenziale magnetico e che abitudini sarebbe meglio introdurre per migliorarlo. Un buon esercizio potrebbe esser quello di scrivere, a fine giornata, queste osservazioni per lasciare traccia dei miglioramenti e degli aspetti che andrebbero cambiati sia sul piano dei comportamenti che delle emozioni e i pensieri.

4. Fai attenzione a ciò che dici e non fidarti solo delle parole degli altri, verifica con i fatti

Secondo Atkinson bisogna infatti fare attenzione all'uso e all'ascolto delle parole. Chi è dotato di magnetismo lo sa bene e si esprime in modo misurato e cauto, facendo attenzione alla scelta dei termini da pronunciare. Anche l'ascolto ha una funzione fondamentale, i leader più carismatici sono infatti quelli in gradi di ascoltare e mettere a loro agio le persone dopo averle conosciute entrando in relazione con loro, ciò passa anche per un ascolto attivo e attento.

5. Non essere egoista

Gli egoisti di solito non hanno una personalità vincente. Non bisogna tuttavia confondere egoismo con interesse verso se stessi, si possono raggiungere importanti obiettivi personali condividendo con gli altri le risorse.

6. Dai importanza al "tatto"

Per avere magnetismo è importante avere tatto e saper controllare il proprio carattere e le emozioni. Essere gentili non significa infatti essere deboli.

7. Adattati al contesto e alle persone che ti circondano per essere apprezzato

Stai attento a non farlo con il solo e unico obiettivo di ottenere vantaggi, ciò potrebbe infatti risultare controproducente. Ancora una volta è evidente quanto sia importante l'autenticità e la naturalezza per sapersi adattare alle situazioni che ci si trova a vivere. In altre parole, non devi essere falso per ottenere ciò che vuoi ma utilizzare il tuo carisma personale per entrare in relazione con gli altri, farli sentire a loro agio e dargli il valore che meritano.

Quando gli altri percepiscono di essere importanti per te si atteggiano nei tuoi confronti in modo diverso.

8. Mantieni una mentalità aperta e non obbligare gli altri a pensare e ad agire come te

Anche in questo caso il consiglio non è quello di allinearti falsamente a credenze e comportamenti altrui con il solo fine di piacere. Mantenendo una certa apertura mentale sarà più facile apparire interessanti e attirare l'attenzione degli altri che saranno più disposti ad aprirsi e a condividere con te la loro storia personale.

9. Non utilizzare sarcasmo e volgarità ed evita di ridicolizzare gli altri

In altre parole, dai la giusta importanza all'eleganza. Potrebbe risultare difficile se le tue abitudini sono sedimentate da tanto tempo ma puoi impegnarti a sviluppare la qualità opposta per ottenere ottimi risultati nelle relazioni interpersonali.

10. Pratica l'autocontrollo

Per sviluppare una personalità magnetica devi saper controllare le tue emozioni. Puoi esercitarti definendo ogni mattina i buoni propositi della giornata e verificando la sera se sei stato in grado di portarli a termine.

11. Impara a guardare negli occhi le persone con cui parli

Lo sguardo magnetico è un elemento che non va affatto sottovalutato e può essere esercitato allo specchio. Guardare negli occhi gli altri trasmette naturalezza, sincerità e onestà, per questo è così importante se vuoi sviluppare una personalità magnetica.

CAPITOLO 8

Cosa fa muovere le persone: maslow e i bisogni fondamentali

Capire le motivazioni profonde delle persone, che le portano a compiere determinate azioni e non altre, è un passaggio fondamentale per chiunque desideri diventare un comunicatore efficace, magnetico e persuasivo. Per nostra fortuna, abbiamo a disposizione uno strumento utilissimo per analizzare i bisogni fondamentali di una persona: la piramide di Maslow.

Abraham Maslow era il primo di sette figli in una famiglia di immigranti ebrei di origine russa e tutt'oggi è considerato uno dei più autorevoli esponenti della "psicologia umanistica". Dal 1951 al 1969 fu a capo del dipartimento di Psicologia dell'Università Brandeis, a Waltham, nello stato americano del Massachusetts. Divenne noto a livello mondiale per aver classificato i bisogni umani secondo una sua originale gerarchia, nella cosiddetta piramide che, per l'appunto, prende il nome da lui. Nel 1954 pubblicò "Motivazione e personalità", dove espose per la prima volta questa sua importante teoria.

In questo suo famoso testo lo studioso illustra una gerarchia di motivazioni in cui nei livelli inferiori si trovano i bisogni primari e di tipo fisiologico, e, nella misura in cui si sale a quelli superiori, si trova in cima la piena realizzazione del potenziale umano, cioè l'auto-realizzazione dell'individuo.

Questo modello si basa sulla teoria che ogni individuo è unico e irripetibile mentre i bisogni sono invece comuni a tutti. Sempre secondo Maslow, sia i bisogni che le motivazioni hanno lo stesso significato e sono strutturati per gradi, connessi tra loro in una gerarchia.

Secondo lo studioso americano le persone vogliono soddisfare i loro bisogni in senso ascendente, ma hanno bisogno di soddisfare i bisogni di ogni livello, se non completamente almeno parzialmente, per poter permettere ai bisogni di livello successivo di manifestarsi. Il passaggio a uno stadio superiore può avvenire solo dopo che un bisogno dello stato inferiore è stato soddisfatto.

Maslow sostiene che la base di partenza utile per poter studiare l'individuo è la sua stessa considerazione intesa però come tutto il suo insieme di bisogni. Inoltre, lo studioso sostiene che il saper riconoscere i bisogni dell'individuo riesce a favorire un'assistenza mirata al soggetto. È la gerarchia stessa dei bisogni a stabilire la sua priorità di soddisfazione. Questo vuol dire che si può davvero motivare un individuo solo se si riesce a soddisfarne i livelli insoddisfatti nella Piramide di Maslow. Nota bene che, sempre secondo questa teoria, la soddisfazione di un bisogno rende poco sensibile una persona verso bisogni simili dello stesso livello, ma sarà spinto a cercare di soddisfare i bisogni appartenenti ai livelli più alti. In pratica nell'analisi di Maslow, è implicito il concetto di "cambiamento evolutivo" secondo cui un individuo tutela la sua sopravvivenza attraverso la soddisfazione dei bisogni primari per poi andare a preoccuparsi di quelli superiori. Maslow ipotizza che lo sviluppo professionale dell'individuo avviene completando un percorso di soddisfazione dei bisogni, secondo un *iter* a senso unico ascendente e graduale.

Il modello a piramide verte tutta la sua teoria sul meccanismo di autodeterminazione individuale e fa risalire le spinte motivazionali esclusivamente a fattori interni. Uno dei limiti principali e delle critiche più frequenti a cui questo sistema è soggetto è quello dell'ignorare l'interazione tra l'individuo e l'ambiente esterno. Non sfugge a ulteriori critiche nemmeno la rigidità proposta da questo schema. Non sempre un individuo deve attraversare tutti i livelli della scala e, infine, secondo l'ipotesi proposta da Marlow un individuo non può essere spinto da più bisogni contemporaneamente.

Puoi però soffermarti su un altro aspetto di questa teoria, decisamente importante e motivante, cioè sul fatto che l'autorealizzazione di un individuo richiede una serie di caratteristiche di personalità, competenze sociali e capacità tecniche. La buona notizia è che si tratta di caratteristiche e qualità che puoi migliorare allenandoti, quindi sì, anche questa è una piramide ma non è chiusa come quelle composte da caste e hai sempre la possibilità di salire fino in cima, migliorandoti verso il successo! Ora preparati ad affrontare in dettaglio la piramide dei bisogni di Maslow.

La piramide dei bisogni

Le fondamenta di questa piramide consistono nei bisogni essenziali, necessari per la sopravvivenza individuale, salendo si può arrivare al vertice dove si trovano bisogni di tipo immateriale. Qui di seguito trovi la classificazione dei bisogni secondo la piramide motivazionale di Maslow.

Gli esseri umani, lungo la storia, hanno sviluppato dei meccanismi per soddisfare i loro bisogni. Con la comparsa dei sistemi sociali entrò in scena anche il consumo, l'azione e l'effetto di consumare prodotti per soddisfare tali necessità. La decisione di consumare è frutto di una serie di fattori che condizionano i desideri.

Bisogni fisiologici

I bisogni fisiologici sono quelli che hanno a che fare con la sopravvivenza. Oggigiorno l'alimentazione è un bisogno basilare per le persone che vivono in situazioni molto precarie o per quelle che abitano zone del mondo in cui è complicato ottenere il fabbisogno alimentare necessario ogni giorno. Per chi invece ottiene cibo in modo abbastanza semplice, mangiare non rappresenta un bisogno basilare e può rientrare invece in un bisogno di autorealizzazione, per questo decidiamo di acquistare un prodotto e non un altro per le sue caratteristiche di diverso tipo.

Bisogni di sicurezza e protezione

Anche questo genere di bisogni, come i precedenti, non sono più un problema in alcune parti del mondo (purtroppo non in tutte) e quando spendiamo i soldi per un'assicurazione, per un sistema di allarme per la casa o per un antivirus per il computer in realtà non temiamo per la nostra vita, lo facciamo per proteggere certi beni o semplicemente per sentirci più sicuri e vivere in modo più comodo e spensierato.

Bisogni di affiliazione e affetto

Man mano che i bisogni primari alla base della piramide vengono soddisfatti, la nostra preoccupazione si sposta verso bisogni di ordine superiore. Arriviamo quindi a preoccuparci delle relazioni con altri membri della società; la continuità della specie d'altronde dipende dal nostro essere in grado di entrare in relazione con gli altri, dal riuscire ad appartenere a un gruppo e dall'essere apprezzati dagli altri.

Attualmente questa è una delle necessità principali che muove il sistema di consumo nelle società più sviluppate. Gli individui vivono in contesti sociali sempre più saturi e non è facile instaurare relazioni sincere e profonde con la maggior parte delle persone del contesto in cui si vive. Per questo, le persone cercano di integrarsi in gruppi e collettivi sentendosi parte di mode, legandosi a marche o a tendenze oppure prendendo parte attiva ai social network.

Bisogno di stima

Come conseguenza dell'appartenenza a un gruppo, ogni persona desidera sentirsi apprezzata e che gli altri contino su di lei. Dal punto di vista antropologico questo bisogno ha molto a che vedere con la riproduzione della specie.

Oggigiorno la stima ha più a che fare con l'integrazione sociale e con il bisogno di sentirsi supportati dal collettivo con cui condividiamo idee, interessi e gusti. Di conseguenza, le marche che sono in grado di trasmettere ai clienti più fedeli la loro stima nei loro confronti sono quelle che ottengono maggiori risultati in termini di fidelizzazione dei clienti.

Bisogno di autorealizzazione

Alla cima della piramide dei bisogni di Maslow si trova la necessità che ogni individuo ha di sentirsi realizzato e pienamente soddisfatto della sua esistenza; solo grazie al raggiungimento di questa vetta può sentirsi davvero felice.

Tuttavia, il mercato si incarica di generare sempre nuove risposte per soddisfare i bisogni e ciò attiva nuove necessità di acquisto per appartenere a uno specifico gruppo o per poter ricevere supporto da esso. Ciò comporta che difficilmente riusciamo a sentirci pienamente felici.

Un punto chiave è che i bisogni fondamentali, dopo essere stati soddisfatti tendono a non essere più percepiti come impellenti, mentre quelli sociali e relazionali hanno la tendenza a ripresentarsi dopo una prima soddisfazione con nuovi e più ambiziosi obiettivi da raggiungere.

Nasce quindi da qui quella sensazione di insoddisfazione, sul lavoro o nella vita pubblica e privata. Si tratta di un fenomeno abbastanza diffuso che trova la sua causa nella mancata realizzazione delle proprie potenzialità.

Ricorda: tutti i comportamenti umani sono guidati dalla ricerca di esaudire uno o più dei bisogni umani fondamentali.

Se ti fermi un attimo ad analizzare attentamente la teoria di Maslow, noterai da solo le critiche che gli sono state mosse nel corso degli anni. Puoi però fare una sana autocritica analizzando la tua capacità di soddisfare i tuoi bisogni e, proprio in base a ciò, puoi comprendere quali sono le necessità degli altri e come questi si muovono per realizzarle. In fondo, la conoscenza è alla base di tutto. Dopo aver analizzato la situazione sarai a conoscenza di cosa vogliono gli altri, così potrai decidere cosa dire, cosa offrirgli e in quale modo poterli convincere.

Fattori che influiscono sui bisogni

Esistono diversi fattori che influiscono nella risoluzione delle necessità individuali e che condizionano la presa di decisioni:

- **Fattori fisiologici:** si tratta di fattori che influiscono nei bisogni di soddisfare gli aspetti più basilari dell'esistenza. Quando abbiamo fame o freddo non possiamo pensare ad altro e abbiamo un impellente bisogno di soddisfare questi bisogni. Se ci sentiamo in pericolo il nostro cervello è programmato per dare risposte con soluzioni che ci mettano al sicuro dalla minaccia.

- **Fattori socio-culturali:** d'altro canto, esistono fattori determinati dalla nostra appartenenza a un gruppo sociale, oppure a una regione a una cultura che definiscono il nostro modo di soddisfare il bisogno. I fattori socio-culturali vengono trasferiti alle marche e alle mode ed esistono tendenze o modalità di consumo che sono segnate dai gusti sviluppati dai dipartimenti di marketing delle aziende.

- **Fattori geo-ambientali:** come per le culture anche il luogo in cui abitiamo o il clima della regione in cui viviamo influiscono sulle modalità di consumo.

- **Fattori economici:** senza dubbio, nella società di consumo attuale, il fattore che influisce maggiormente nel modo di consumare prodotti o servizi per soddisfare dei bisogni è la nostra capacità economica. In funzione delle nostre possibilità ci troviamo a mangiare dei prodotti e non altri, viviamo in un luogo più o meno protetto, apparteniamo a un gruppo sociale e non ad altri e cerchiamo affetto in un contesto che rientra nelle nostre possibilità. Il mercato offre soluzioni per ogni necessità e per ogni livello economico.

Come persuadere basandosi sui bisogni

Gli esseri umani vogliono sempre di più e ciò implica che esisteranno sempre nuovi livelli di soddisfazione, di piacere, di allegria che possono essere goduti e sfruttati per convincere le persone a fare qualcosa. Tendiamo a non accontentarci di ciò che abbiamo e avremo sempre dei bisogni anche se a volte ci dimentichiamo di averli.

Secondo Maslow, il modo migliore di motivare e persuadere una persona è offrirgli il soddisfacimento di un bisogno importante; le motivazioni alla base della piramide sono più potenti ma anche più brevi nel tempo mentre quelle della parte superiore tendono a durare più a lungo ma non sono così forti. Una forte motivazione può sicuramente determinare un comportamento rendendoci più impulsivi, non facendoci pensare alle conseguenze delle nostre azioni.

Per questo in ambito pubblicitario è importante far credere al cliente che ha bisogno del tuo prodotto. Se vendi delle scarpe, ad esempio, invece di basarti solo sulla loro comodità puoi far riflettere il cliente sul fatto che sono prestigiose e che andranno incontro al suo bisogno di accettazione da parte di una comunità o di persone di un livello sociale superiore a cui lui vorrebbe appartenere.

Elaborando una mappa dell'empatia del cliente ideale è importante definire tutti i suoi bisogni, su tutti i livelli e pensare a come un prodotto può andare incontro ad ognuno di essi.

CAPITOLO 9

Come utilizzare i 6 principi della persuasione identificati da cialdini nella vita quotidiana e lavorativa

"La persuasione è un qualsiasi tentativo atto a modificare atteggiamenti o comportamenti senza usare coercizione o inganno."
B.J. Fogg

Ogni giorno pratichi o vieni influenzato con tecniche di persuasione. Ad esempio, quando entri in un negozio per curiosare e vieni accolto da un commesso o da una commessa sorridente che, prontamente, ti fa uno sconto, stai venendo spinto ad effettuare l'acquisto.

Nota bene: il commesso non ha usato nessuna tecnica di manipolazione ma ha solo fatto bene il suo lavoro. Infatti, è riuscito ad allinearsi al tuo pensiero e l'ha tirato dalla sua parte, persuadendoti ad effettuare l'acquisto. Questo tipo di azione è molto comune, ora viene usato molto anche online, infatti la comunicazione persuasiva, se fatta bene, incrementa di molto le possibilità di conversione all'acquisto.

Se vuoi persuadere un'altra persona a compiere un'azione, devi sapere quali sono le reazioni del cervello a determinati stimoli e come il comportamento può diventare generalmente prevedibile in base a certe spinte emotive. Di fatto le emozioni giocano un ruolo importante nella presa di decisioni e l'uomo è, in parte, un essere irrazionale.

Mi sembra doveroso, prima di introdurre questo argomento, fare una precisazione. Devi capire che persuadere non è un sinonimo di manipolare. Se sei persuasivo puoi convincere qualcuno, ricorrendo a strumenti di comunicazione visiva o testuale, portarlo a fare qualcosa che già vuole fare e di cui sente in qualche modo il bisogno. Se manipoli qualcuno invece lo porti a fare qualcosa di cui non ha affatto bisogno e che magari non voleva fare. Come vedi, si tratta di una differenza molto importante.

Fatta questa precisazione devi sapere inoltre che uno dei modelli più comuni a cui si ricorre per spiegare la comunicazione persuasiva è quello messo a punto dallo psicologo statunitense Robert Cialdini, professore di Psicologia e Marketing all'Arizona State University, che nella sua opera intitolata "Le armi della persuasione" si è occupato di codificarne i 6 principi fondamentali.

Robert Cialdini studia da anni i meccanismi della persuasione ed è arrivato ad una sua specifica conclusione, cioè che essi funzionano seguendo schemi prestabiliti e costanti. Come per la fisica, secondo il principio di azione e reazione, anche nella persuasione a una determinata azione corrisponde una reazione dovuta però a istinto, a regole sociali e alla cultura in cui sei immerso.

Non devi poi trascurare la necessità che ognuno di noi ha di piacere agli altri e di avere valide ragioni per giustificare le azioni che mette in pratica. Di fatto il comportamento automatico e stereotipato prevale in alcune azioni, in diversi casi è questa la condotta che risulta più efficiente, mentre in altri arriva addirittura a essere indispensabile.

La comunicazione persuasiva si basa sui principi della psicologia della persuasione e si avvale di argomenti razionali e di stimoli emozionali per modificare l'atteggiamento di chi riceve il messaggio; secondo Cialdini è l'abilità che abbiamo di avvicinare qualcuno alla nostra visione delle cose.

Mettiamo caso che hai letto un libro che ti è piaciuto molto e vuoi convincere un amico a leggerlo. Molto probabilmente la risposta del tuo amico al consiglio che gli hai dato seguirà un meccanismo abbastanza semplice, quasi automatico in realtà, anche se inconsapevole: siete amici, si fida di te e dei tuoi gusti e per questi motivi comprerà il libro che hai caldamente sponsorizzato.

In pratica la persuasione funziona in questo modo e come vedi si presenta al tuo cospetto diverse volte al giorno perché tutti, io, tu, cerchiamo sempre di portare gli altri a vedere le cose come le vediamo noi.

Come puoi facilmente immaginare, il tuo amico nella scelta del libro non ha elaborato un ragionamento razionale, ma si è fidato di te nell'effettuare la sua scelta e ha quindi seguito una "scorciatoia mentale".

Queste scorciatoie rappresentano dei veri e propri programmi preregistrati, insiti in noi, una sorta di procedure automatiche, definite "euristiche", che vengono messe in atto e che non rispettano i passaggi del ragionamento logico. Per compiere una decisione avremmo bisogno del giusto tempo per raccogliere ed elaborare i dati a disposizione in modo da poter scegliere con la nostra testa ma, purtroppo, succede che spesso non si ha a disposizione tutto questo tempo e così si finisce a cercare scorciatoie, le euristiche che hai già potuto vedere prima, o semplici regole di buon senso da applicare per rendere più snello e semplice il processo decisionale.

Robert Cialdini ha così classificato le "scorciatoie": reciprocità, coerenza, riprova sociale, simpatia, autorità e scarsità.

Reciprocità

Questa scorciatoia gioca sul bisogno inconscio che senti nel dover ricambiare un favore che hai ricevuto. Si basa sulla teoria del regalo, infatti se qualcuno ti fa un favore, inevitabilmente, finirai con il sentirti in debito con lui e sarai maggiormente predisposto a ricambiare il piacere ricevuto. Ti basti considerare come ti senti dopo che un tuo collega di lavoro, magari noioso, ti ha pagato il pranzo. Non ti senti forse in debito e lo vuoi invitare a tua volta?

Coerenza

Per qualcuno potrebbe non essere una dote ma in fondo tutti vogliamo essere, o almeno apparire, coerenti e ciò accade perché la coerenza, in sé, è una dote importante, sinonimo di affidabilità e onestà. Tu per primo non sei disposto a concedere la tua fiducia a una persona che si è dimostrata incoerente, cambiando spesso idea e che non è riuscita a portare avanti una decisione presa, no? Quando hai preso una decisione sei portato a difenderla, forse perché pensi che ne valga la pena ma anche perché vuoi difendere l'impegno preso e desideri tutelare la tua immagine di persona coerente.

Riprova sociale

Quando avverti dei dubbi tendi a seguire decisioni già prese da altri, qualcosa del genere ti è già capitato, no? Ci possono essere diverse spiegazioni dietro tutto questo, una può essere l'evidenza sociale che ci appare come una scorciatoia ideale. Siamo più propensi a fidarci di qualcuno che ai nostri occhi risulta essere meritevole o che consideriamo più simile a noi. Per questo motivo andiamo a mangiare in ristoranti dove c'è tanta gente, pensando che lì si mangi bene o compriamo qualcosa online solo dopo che abbiamo letto abbastanza feedback positivi e visto un buon numero di stelline nelle recensioni in merito.

Simpatia

Finiamo col dire di sì a individui che hanno il nostro favore, così accettiamo richieste da persone che troviamo attraenti o simpatiche. Nelle pagine scritte da Cialdini nel suo già citato "Le armi della persuasione", l'autore racconta un esempio che voglio riportarti per farti capire al meglio. Si tratta delle tipiche riunioni Tupperware, dove la proprietaria di casa invita le sue amiche alla dimostrazione di prodotti presentata da una venditrice di fiducia. Le invitate, in questo modo, visto l'ambiente che le ospita percepiscono di–stare comprando dall'amica e non dalla venditrice, attuando inconsciamente il principio di simpatia. Come sempre, anche qui, l'empatia ricopre un ruolo fondamentale. Se fai capire agli altri che hai vissuto le loro esperienze, essi saranno maggiormente propensi a seguire i tuoi consigli e avrai quindi maggiori possibilità di persuaderli.

Autorità

Questo principio si basa sulla tendenza a prestare maggiore ascolto alle figure che percepiamo come autorevoli in determinati contesti. Devi qui avere chiaro il concetto di autorità che affonda le sue radici su un modello di tipo strettamente gerarchico, quello di autorevolezza a cui si riferisce Cialdini. Qui viene trattata come una qualità riconosciuta a chi ha la capacità di coinvolgere gli altri e di influenzarne i comportamenti. Ottimi esempi della manifestazione di questo principio li trovi quando ti rechi dal medico, dal parrucchiere e al ristorante e chiedi consigli a questi professionisti specializzati. Se una persona che indossa maglietta e pantaloni di tuta ti fermasse per strada, per darti dei consigli medici, reagiresti in un modo; se la stessa identica persona indossasse un camice bianco, invece, reagiresti in un altro.

Scarsità

Quante volte ti è capitato di leggere "Offerta disponibile solo per un periodo limitato!" ma poi alla fine vedi e sai che resterà valida anche per molti altri giorni. In realtà tutto sembra molto più desiderabile e necessario se sta per terminare, per questo motivo spesso ti trovi di fronte a disponibilità "limitata".

È lo stesso Cialdini a scrivere che: "Le persone sembrano più motivate ad agire dal timore di una perdita che dalla speranza di un guadagno di pari entità." Così si spiega la tattica usata da siti di prenotazione alberghiera che mettono ben in mostra proposte come "solo 3 camere rimaste sul nostro sito!" o "1 persona sta guardando questa stanza proprio ora", semplicemente lo fanno per indurti a pensare che devi prendere una decisione subito, al più presto, altrimenti perderai la tua occasione.

Come vedi è molto importante ricorrere alle allusioni temporali se vuoi persuadere qualcuno perché già solo il fatto di menzionare il tempo incrementa la possibilità di spingere qualcuno a scegliere quello che gli si propone.

Ciò accade perché se c'è una cosa che tutti vogliono è proprio avere tempo. Produce buoni effetti anche ricorrere alla rarità di una scelta perché si fa riferimento a quel che resta, che implica che non ce ne sarà abbastanza per tutti, rendendo il prodotto o servizio in qualche modo esclusivo.

Forse prima di leggere tutto ciò eri convinto di essere padrone delle tue scelte ma, come vedi, non sempre è così. Esistono diversi fattori che le condizionano. In troppi lo ignorano e si credono immuni da ogni tentativo di persuasione. La cosa positiva è che, conoscendo questi meccanismi, d'ora in poi potrai iniziare a usarli a tuo favore invece che esserne vittima.

CAPITOLO 10

Come cambiare i pensieri e le convinzioni delle persone

"La nostra vita è il risultato dei nostri pensieri."
Marco Aurelio

Questa sezione è divisa in due parti perché se vuoi poter cambiare i pensieri e le convinzioni delle persone devi essere sicuro delle tue, e nel caso, devi anche saper cambiare le tue convinzioni se pensi possano danneggiarti. Questo aspetto viene spesso trascurato in altri manuali e mi sono domandato: posso insegnare qualcosa agli altri se non riesco a farlo io? La risposta è no, così mi sono assicurato di poter riuscire a cambiare idea e dopo un primo momento in cui pensavo che questa sezione non fosse utile, mi sono ricreduto e per l'appunto, ho deciso di condividerla con te.

Le scelte che fai sono dettate esclusivamente dalle tue convinzioni. Ogni giorno. Sempre. Ma dove nascono le tue convinzioni?

È innegabile che tutto ha radici profonde, le convinzioni sono radicate in te fin dall'infanzia ma non è detto che debbano rimanere immutate per sempre, puoi infatti cambiare le tue convinzioni e dopo che avrai capito il meccanismo per farlo riuscirai a cambiare anche le convinzioni degli altri.

Per essere in grado di intaccare schemi mentali sedimentati da anni non sarà necessario effettuare un lavaggio del cervello ma dovrai invece seguire tre passaggi: *diventare consapevole, riformulare e cercare conferma.*

In ogni percorso di crescita e di cambiamento la presa di consapevolezza è il primo passo da fare. Ora per identificare le tue convinzioni limitanti devi solo fermarti a osservare i tuoi pensieri, quelli che compaiono con maggiore frequenza nella tua mente. Cosa ti spaventa? Fermati per 30 minuti a pensarci su, dopo metti su carta le conclusioni a cui sei arrivato, scrivi le tue convinzioni. Cosa ti manca davvero per raggiungere i tuoi obiettivi? E non pensare che le tue paure siano poi molto diverse da quelle degli altri.

Una volta che avrai identificato le tue convinzioni negative devi iniziare a invertirle. Se credi che la vita sia solo una questione di fortuna, ribaltala tale credenza in: la vita è tutta una questione di scelte. Se ripensandoci ti verrà da dire che sono tutte cavolate... ecco, hai appena trovato una convinzione negativa da aggiungere alla tua lista perché cambiare e migliorare è sempre possibile. Ora però hai bisogno di conferme e devi cercare di radicare le nuove credenze, di confermare queste tue nuove convinzioni. Sono irreali? Cerca di trovare prove della loro esistenza nelle storie delle persone di chi stimi, che hanno avuto successo nella vita. Leggi le biografie di persone che ce l'hanno fatta a cui puoi ispirarti, guarda i film a loro dedicati e vedrai che non sono poi così irreali e che quindi eri tu a limitarti, così come si limitano gli altri.

Generalmente le convinzioni limitanti più comuni sono:

Sono troppo vecchio...

Sono troppo giovane...

Sono fatto così...

Devo accontentarmi di quello che capita...

Non mi merito la felicità...

C'è crisi...

Ho un metabolismo lento, colpa del DNA...

Sono un fallito...

Non mi entrerà mai in testa...

Non concludo mai nulla...

Non sono una persona tecnologica...

Comincia a smontare un po' di luoghi comuni, di idee limitanti che hai in testa da un po' di tempo.

Secondo te serve del denaro per diventare ricchi: non lo sapevi che molti miliardari di oggi sono partiti dal nulla e che circa il 90% di loro lo è solo di prima generazione?

Pensi che sia necessario studiare per arricchirsi? Non ti parlo di veline e di calciatori, ma di due persone che sicuramente hai sentito nominare, modelli di successo nell'ambito dello sviluppo tecnologico: Bill Gates e Steve Jobs, loro non si sono mai laureati.

Se diventassi ricco, diventeresti un materialista? Beh, se bastassero i soldi a far diventare le persone materialiste, il mondo sarebbe sicuramente un posto diverso.

Una volta era più semplice diventare ricchi. Questo è vero solo se applichi strategie che funzionavano il secolo scorso ai modelli dei giorni nostri. Per questo motivo è sempre importante formarsi e saper cambiare le proprie convinzioni e quelle degli altri.

Ma non esistono solo le idee limitanti, esistono anche quelle potenzianti; queste hanno, come puoi intuire, l'effetto contrario, cioè: se ci credi, ce la fai. Puoi quindi vedere le convinzioni potenzianti come un carburante vitale. Una credenza è quello che ti racconti, che determina il tuo stato d'animo, le tue aspettative, i tuoi comportamenti e quindi anche le tue relazioni.

Sicuramente hai nella tua cerchia di amici individui che sanno vedere occasioni dappertutto, anche dove tu non le scorgi. Comincia a pensare come loro: dove molti vedono limiti e paletti, sforzati a vedere occasioni. Anche così è più facile persuadere e convincere. Nessuno vuole seguire qualcuno che parla di ostacoli ma tutti sono ispirati dalle occasioni.

Ricorda che sei tu il padrone delle tue convinzioni, usale per potenziarti, non limitarti. Come fai a cambiare il pensiero altrui se non inizi a cambiare il tuo? Come puoi ampliare gli orizzonti degli altri e persuaderli, se credi che il tuo sia limitato?

Passiamo ora alla seconda parte, cioè quella in cui sei tu a far cambiare idea e convinzioni agli altri. Scommettiamo che ti convinco?

Molte volte non basta semplicemente aver ragione ed esibire prove scientifiche. Per portare gli altri a pensarla come te hai bisogno di intelligenza, ascolto e di qualche tattica.

Non perderti in lunghe discussioni che non portano da nessuna parte e che ti lasciano solo un desolante senso di frustrazione. Ti sarà senz'altro capitato di trovarti di fronte a interlocutori che sembrano essere impermeabili a logica e razionalità e che ti portano sull'orlo della pazzia, ma non ti abbattere, per convincerli devi solo capire quale tattica usare con loro.

Cerca di capire che tipo di persona ti trovi davanti, qui di seguito ti riporto un elenco delle tipiche personalità più resistenti a ogni argomentazione logica ed è sempre bene sapere con chi hai a che fare.

Dogmatici: il loro punto di partenza è di regola indiscutibile, sono chiusi in verità di fede, e in contrasto con qualsiasi idea che metta in discussione i loro dogmi.

Complottisti: per loro in ogni verità c'è sempre qualcuno che ne trae vantaggio, come unica prova è sufficiente individuare i responsabili del caso: politici, case farmaceutiche, multinazionali. I complottisti hanno difficoltà ad accettare la casualità e la complessità che governano il mondo. Risulta molto difficile convincerli perché hanno già una loro razionalità deviata.

Tradizionalisti: per loro la maggioranza fa la forza. Intellettualmente pigri, abitudinari, difficili da convincere perché diffidano di ogni novità che gli viene proposta.

Bulli: loro non riescono mai ad ammettere di aver sbagliato. Si trincerano dietro tesi che hanno già pronunciato e vedono l'ammissione di errore come un torto personale, personalissimo. A questo genere di persone non importa la verità, preferiscono non perdere la faccia.

"Quando qualcuno è particolarmente resistente, occorre chiedersi: non è che per caso siamo noi, con il nostro tentativo di fargli cambiare idea, gli artefici del suo irrigidimento? Molte persone, infatti, si auto-persuadono sempre di più della propria idea a mano a mano che qualcuno la mette in dubbio". - Matteo Rampin

Ricorda che insistere troppo rischia solo di essere controproducente. Se vedi che l'altro non cambia idea, cambiala tu! Passa cioè a usare un'altra tattica. L'essere umano, di per sé, è di fatto un conservatore cognitivo, questo vuol dire che per natura tende a mantenere le idee originali anche di fronte a comprovati dati che dimostrano il contrario. Per questo motivo per riuscire a fare cambiare idea a qualcuno è più utile usare, insieme alle argomentazioni razionali, la cosiddetta arte della persuasione, cioè appellarsi alle emozioni, agli istinti e ai ragionamenti che sembrano filare anche se non sono affatto logici. Riusciamo a fare ciò perché tutti noi in realtà, anche se non ce ne rendiamo conto, siamo restii a ragionare in modo logico. Tutto ciò ti sembrerà una contraddizione ma è così. Eccoti allora qualche strategia che potrai usare per riuscire a portare gli altri dalla tua parte.

Ascolta: Questa azione nell'ambito della comunicazione porta sempre dei vantaggi. Non sottovalutarla. Devi infatti mostrare una certa disponibilità verso l'interlocutore e dargli così la possibilità di esprimere le sue ragioni. Non devi iniziare con delle affermazioni, fai domande, mostrati curioso ma sempre con il massimo rispetto. Questo ti permetterà di stabilire una connessione emotiva. Non dimenticare che chi avvalora un'opinione irrazionale è mosso da emozioni e non da logica. Ti confronti con essere umani e non con il razionalissimo Dottor Spock di Star Trek. Non devi però mai pensare che le idee e le convinzioni altrui siano più deboli: questo è un errore comune. Le emozioni sono parte integrante di ogni processo decisionale, tant'è che se non ne provi, non sei affatto in grado di assumere alcun tipo di posizione. Quindi, come ben capirai, anche le emozioni vanno comprese e rispettate.

Sincronizzati: Per favorire la connessione con l'interlocutore puoi assumere una postura speculare alla sua, imitandone i gesti, senza esagerare (evita di inscenare una parodia e offenderlo). Ciò ti aiuterà a entrare in sintonia, in questo modo gli stai comunicando di essere simile a lui. Cerca di sintonizzare anche il linguaggio, riprendi le parole e le espressioni. Parla alla sua stessa velocità e imita il suo tono. Evita di atteggiarti in maniera saccente, tutto ciò aumenta solo le distanze, raffredda il rapporto e crea un clima di sfida perché a nessuno piace sentirsi stupido. Ed è altrettanto poco conveniente iniziare una battaglia verbale se il tuo obiettivo era quello di convincere qualcuno.

Identifica le radici: Cerca di comprendere le origini delle sue idee. Molte opinioni non sono affatto neutre ma derivano da religione, politica o da un senso di appartenenza. Dovrai far capire che cambiare idea non vuol dire rinunciare alla propria identità, ma considera che perfino gli scienziati, anche in presenza di prove eclatanti, fanno fatica a cambiare opinione se a quell'idea hanno dedicato la loro intera vita.

La teoria del filosofo americano Thomas Kuhn vede la scienza procedere a "salti" perché gli studiosi più anziani si oppongono alle idee che non si accordano ai loro paradigmi. Perciò, se ti rendi conto che l'ostinazione di qualcuno è radicata nel suo senso di appartenenza, prima di cercare di convincerlo di qualcosa mostra innanzitutto rispetto per le sue idee e vedrai che dopo ti ascolterà decisamente più volentieri.

Argomenta: Offri la possibilità al tuo interlocutore di parlare quanto vuole, senza interromperlo e fagli solo qualche domanda per chiarire i punti poco chiari del suo ragionamento. A volte si auto-danneggerà per via della cosiddetta illusione della conoscenza profonda, che si basa sulla convinzione di sapere molte cose, ma quando si è costretti ad approfondire prima o poi ci si impantana.

Discuti di persona: Internet è uno dei luoghi meno civili del mondo, dove il disprezzo è fin troppo tollerato e accettato. Se vuoi convincere qualcuno offrigli piuttosto un caffè al bar.

Stimola l'autostima: Prima di fare un affondo è importante valorizzare i punti buoni dei ragionamenti dell'altro, mostrandogli così stima e apprezzamento. Se un individuo si sente accettato e considerato si sentirà più propenso a rivedere le sue idee e quindi ad accettare quelle di altri. Asseconda la visione dell'interlocutore, senza sposare le sue idee, sottolinea le sue "buone ragioni" e poi proponi le tue e convinci l'altro del fatto che sono migliori.

Non aver fretta: La goccia scava la pietra: con pazienza, e a piccole dosi, si riesce a modificare anche la posizione più salda. Tutti hanno bisogno di tempo per abituarsi a un'idea nuova, per raccogliere più elementi possibile e valutare i pro e i contro.

Focalizzati sui fatti: Più che sull'idea in sé, che chi è convinto fatica ad abbandonare, è meglio che ti concentri sui fatti che la contraddicono o sulle eccezioni che potrebbero rendere accettabile all'altro la tua tesi.

Usa i paradossi: Le affermazioni paradossali sgretolano le certezze. Sono destabilizzanti, mandano l'altro in confusione, predisponendolo a lasciare spazio a idee diverse.

Ipotizza perfino di avere torto: Non dare per scontato di avere ragione. È difficile ammetterlo, ma questa possibilità esiste, eccome. Se parti con la certezza che la tua idea sia giusta, il tuo interlocutore si sentirà manipolato e preso in giro. È quindi importante essere disposto a cambiare idea in presenza di nuovi elementi che mostrino la questione sotto una luce diversa.

Trappole logiche da sfruttare

Sono quelle a cui ricorrono i persuasori professionisti: se le sai individuare puoi evitare di cascarci, se le sai usare puoi influenzare il prossimo. Quindi è meglio cominciare a conoscerle, no?

Scommesse statistiche: puoi convincere qualcuno partendo dal fatto che certi eventi accadono perché statisticamente possibili.

False cause: presumere che due eventi sono accaduti in sequenza o insieme può portare a credere al fatto che un evento diventi la causa dell'altro.

Eccezioni speciali: Se un'affermazione è falsa o un evento prova il contrario di quel che hai sostenuto finora, che dire: è l'eccezione che conferma la regola.

Bianco e nero: presenta solo due soluzioni al problema, contrastanti tra loro, impossibilitando la scelta di una terza possibilità.

Pregiudizi sulle origini: implica dire che qualcosa è sbagliato per via dell'origine o del contesto di provenienza.

Argomenti circolari: sostenere la verità di una cosa perché quella cosa è data come senz'altro vera: "È così perché l'ha detto la televisione".

Domande minate: fai una domanda contenente un'affermazione falsa o offensiva per l'avversario, che lo costringa a metterlo sulla difensiva.

Effetto carrozzone: convinci l'altro della necessità di fare qualcosa semplicemente perché lo fanno in molti, la ragione è nel numero e la maggioranza vince, come si diceva da piccoli nelle discussioni da cortile.

Appellati all'autorità: in assenza di altri argomenti, l'opinione di qualche persona autorevole renderà più difficilmente discutibile la tua idea.

Appellati alle emozioni: provoca, cerca di suscitare emozioni negli altri, come ad esempio rabbia, dolore, compassione, fierezza e approfitta dello stato d'animo in cui li hai portati per affermare le tue convinzioni.

Doppia svalutazione: afferma che, poiché una tra le ragioni dell'altro è meno forte o contiene un errore, anche il resto è falso o privo di valore.

Una parte per il tutto: in questa trappola logica presumi che quello che è vero per una parte di una questione complessa debba essere vero anche per tutto il resto.

Sfrutta gli aneddoti: cita un'esperienza personale o un evento isolato per invalidare le ragioni degli altri, soprattutto se supportate da statistiche.

Manipola i dati: presenta gruppi di dati statistici inventando connessioni di causa-effetto favorevoli con quanto si vuole sostenere.

Usa termini ambigui: Utilizza parole dal doppio significato o espressioni ambigue per rappresentare falsamente la realtà.

Incredulità: sostieni che, poiché una cosa è difficile da capire per una "persona normale", deve per forza essere falsa.

La sfida: sfida l'altro, in un duello verbale, a provare la falsità della tua tesi. Ricorda che l'onere della prova è sempre di chi afferma, non di chi ascolta.

Trucchi per influenzare

Ora che conosci un po' meglio l'arte della persuasione, puoi iniziare a vedere anche quali sono i principali trucchi usati e perché no, cominciare a usarli a piccole dosi con gli altri.

Getta l'amo: Sfrutta il fenomeno dell'effetto esca. Tra due offerte aggiungine una terza che serve solo a spostare la preferenza su quella che preferisci tu. Se offri un biglietto a un evento per 5 euro e ne offri un altro a 50 aggiungendo un'offerta migliore, in molti sceglieranno la prima. Ma se aggiungi un terzo biglietto a 100 euro che dà accesso a contenuti extra, per esempio l'accesso al backstage, vedrai che molte persone accetteranno maggiormente la seconda offerta che prima avevano snobbato.

Il bravo piazzista: Qui ritroviamo una persona che ti ho già presentato, Robert Cialdini che tra le altre cose ha sviluppato anche la tecnica della porta in faccia. Consiste di tre mosse: avanzare una richiesta iniziale esagerata a cui segue un rifiuto (la "porta in faccia" da cui prende il nome la tecnica), ritirare quindi quella richiesta e avanzarne una più contenuta che di solito viene accettata come compensazione del rifiuto iniziale.

Davanti allo specchio: cerca di rispecchiare la postura e i movimenti del tuo interlocutore per suscitare empatia e approvazione.

Parla, parla, parla: Se qualcuno è in disaccordo con te, parla velocemente per fornirgli meno tempo per elaborare pensieri che vadano contro la tua tesi. Se invece il tuo interlocutore la pensa come te, parla più lentamente per dargli modo di assimilare il messaggio.

Al momento giusto: Una persona stanca o distratta è più facile da convincere, per questo motivo è meglio provare a influenzare un collega a fine giornata, perché avrà meno energie mentali per sollevare perplessità.

Occhi addosso: È stato dimostrato che se viene appeso in un locale un poster con un grande paio di occhi, i clienti, sentendosi osservati, finiscono con il gettare i rifiuti nella spazzatura piuttosto che lasciarli sul tavolo. Un altro uso di questa tecnica è il cartello di videosorveglianza esposto anche in locali privi di telecamere. Fai quindi sentire loro i tuoi occhi addosso, quando puoi.

Questione linguistica: il modo stesso in cui poni una domanda può indirizzare la risposta. Chiedi a più persone se andranno a votare e chiedi ad altre se parteciperanno come votanti alle prossime elezioni. Avrai delle risposte diverse. Sarà più probabile avere risposte affermative alla seconda forma rispetto che alla prima perché l'uso del nome al posto del verbo rende più facile l'identificazione. Questo è un trucco molto usato in ambito politico.

Confondi le acque: se offri 8 biscotti a 300 centesimi ne venderai di più rispetto a un'offerta che recita "8 biscotti a 3 euro". La gente vedendo 300 centesimi pensa che sia un affare perché si trova qualcosa che non vede tutti i giorni, il pensiero viene così scombinato e la mente risulta più suggestionabile.

Provoca paura: No, no, tranquillo, non devi vestirti da Halloween in questo caso ma devi semplicemente presentare un'ipotesi "spaventosa". Se una persona ha paura è più propensa a rispondere "sì". Il motivo è che le risorse a disposizione sono concentrate sul potenziale pericolo e così le pretese successive si trovano di fronte poche opposizioni.

CAPITOLO 11

Bias cognitivi e persuasione

Per diventare un vero maestro della persuasione, è fondamentale comprendere a fondo i cosiddetti "bias cognitivi" e sfruttarli a proprio vantaggio. Le persone sono esseri dotati di emozioni. A volte possiamo accorgerci come le nostre decisioni sono prese basandoci sulla logica, tuttavia esistono fattori che possono giocare a nostro svantaggio e che ci portano a prendere decisioni erronee. Essi ci forniscono giudizi su ciò che vogliamo e su cosa no, per questo viene definito "bias" quell'idea che abbiamo conservato in memoria e che, senza che ce ne rendiamo conto, ci dice cosa ci piace e cosa no.

In linea di massima un bias cognitivo è un errore o pregiudizio che ci porta a prendere una decisione senza un apparente motivo logico: si tratta di una credenza popolare, un ricordo, ecc. che diventa una distorsione nel nostro processo decisionale. Essenzialmente, per colpa loro a volte prendiamo decisioni senza un apparente motivo logico che le supporti; si tratta inoltre di un fenomeno inconscio, che non controlliamo.

Che cos'è un bias cognitivo

Un bias cognitivo è uno schema mentale che ci fa abbandonare il ragionamento logico nella presa di una decisione. Se pensiamo all'ambito della vendita di prodotti e servizi, i bias possono avere ripercussioni sulla qualità della comunicazione e sul flusso delle vendite; sono sempre relazionati ad aspetti psicologici, sociali e persino neuronali.

In altre parole, il nostro cervello crea delle scorciatoie mentali per aiutarci a processare in modo più rapido le informazioni che riceviamo.

Durante la nostra vita quotidiana siamo bombardati da informazioni di vario tipo e siamo obbligati a processarle a un ritmo accelerato per poter prendere decisioni di volta in volta, per fare ciò il nostro cervello crea delle vie rapide per fare più in fretta. In questo modo riusciamo ad affrontare i problemi e prendere decisioni rapidamente. La maggior parte delle scorciatoie mentali si basano sulla nostra memoria ed è per questo che ci sono dei rischi.

Questi bias hanno una particolare importanza nell'ambito delle vendite commerciali, ci aiutano a decidere cosa comprare, come, perché e quando. Se sei un venditore è importante che li conosca perché ti aiuteranno a essere particolarmente convincente al momento di vendere.

L'influenza della mente nella vendita e i bias cognitivi

La mente solitamente lavora in modo agile e rapido, per questo la memoria e il gusto identificano rapidamente ciò che ci piace e i bias ci portano a prendere decisioni precipitate in molte situazioni. Questi processi mentali sono quelli che fanno sì che certe persone o cose ci piacciano più di altre senza sapere perché, inoltre ci dicono come reagire di fronte a determinati avvenimenti, situazioni, ecc. in modo da renderci capaci e svelti a prendere decisioni.

I bias cognitivi sono stati uno degli strumenti preferiti della comunicazione di massa, vengono infatti usati dai pubblicisti, dai politici e dai dipartimenti di marketing delle aziende di tutto il mondo. Un esempio chiaro di ciò è il fatto che anche il neuromarketing ha iniziato a studiarli cercando di capire come approfittare dei bias cognitivi e della comunicazione per convincere il pubblico a fare o pensare determinate cose.

Come utilizzare i bias cognitivi per persuadere

In quanto esseri umano pensiamo prima di prendere una decisione, tuttavia la mente viene guidata da emozioni e da condizioni ambientali, sociali e del contesto. Per questo, per approfittare dei bias cognitivi per persuadere, è importante avere un impatto sulla mente e sulla vista di chi ti ascolta e quindi le tue idee e il tuo messaggio devono andare oltre un semplice testo piatto.

Il messaggio deve essere diretto alla modalità in cui la mente e i bias operano, se il comportamento della persona che vuoi influenzare è prevedibile allora il successo del persuaderla si basa nella comprensione di ciò che vuole. Certo, un buon utilizzo dei bias cognitivi non è garanzia di successo per quanto riguarda il risultato desiderato ma sicuramente può avere un'influenza.

Capire come e perché le persone pensano ciò che pensano è un'arma persuasiva efficace, vediamo sette bias cognitivi interessanti da conoscere per essere in grado di influenzare il prossimo e magari vendergli un prodotto o un servizio.

1. Bias di ancoraggio

Si basa sulla preferenza di ciò che vediamo per primo, la nostra mente prende in considerazione le prime informazioni che riceve o che trova per prendere una decisione. In ambito di marketing questo bias è relazionato a prezzi e gusti visto che ha a che fare con cambiamenti numerici e apparenze.

Il primo prezzo che una persona vede è un fattore chiave, influisce sull'opinione del potenziale cliente. In altre parole, ci fidiamo del primo dato che abbiamo a disposizione; successivamente lo utilizziamo come dato base per prendere decisioni. In questo modo se offri un prodotto a un determinato prezzo (alto o basso) conviene prima mostrare il prezzo totale e poi quello scontato.

Un modo molto comune di usare questo bias cognitivo nella vendita B2B è mostrare all'inizio il prodotto più caro del catalogo, poi segnalare che quella è una versione sofisticata del prodotto e che il cliente non ne ha davvero bisogno, gli basta qualcosa di più semplice, delle versioni dello stesso prodotto della stessa qualità ma più economiche. Ciò fa sì che il cliente percepisca con altri occhi il nuovo prezzo, lo riceverà nel modo migliore comparandolo con quello del prodotto più costoso.

Spesso vengono creati prodotti "premium" senza l'intenzione di volerli vendere davvero. Servono solo per fare da termine di paragone con altri prodotti del catalogo che in realtà sono proprio quelli che si ha intenzione di vendere.

Oppure, pensa a quante volte sei stato attirato da un'offerta incredibile di un prodotto nella sua versione più basilare, poi sei andato in negozio e un venditore è riuscito a convincere a portarti a casa un prodotto leggermente più caro ma con funzionalità migliori. Questo genere di situazioni sono conseguenza del bias di ancoraggio.

2. Effetto ambiguità

Acquistare qualcosa di nuovo in un certo senso è rischioso, pertanto molte persone scelgono l'opzione più sicura. Ciò è dovuto all'effetto ambiguità che fa sì che le persone preferiscano qualcosa che conoscono già evitando di considerare opzioni nuove.

3. Effetto dell'influenza sociale

Si tratta del fatto di fare o credere cose solo perché altri le fanno o le credono, può avere un impatto profondo su come pensano le persone.

Ci piace credere che siamo abbastanza forti da non farci influenzare dagli altri ma che ci piaccia o no tendiamo a fidarci di qualcosa se sappiamo che per gli altri è popolare. Questo bias è dovuto a:

- Bisogno di sentirsi accettati da un gruppo,

- Tendenza ad assumere come vero ciò che dice o pensa la maggioranza,

- Beneficio di ottenere ciò che ottengono gli altri,

- Tendenza a seguire gli altri e ripetere i loro comportamenti.

Un modo efficace di utilizzare questo bias è appoggiarsi a persone referenti; non è un segreto che

che vuole acquistare un prodotto su consiglio di altri che lo hanno già provato sono degli ottimi potenziali clienti. Un trucco è utilizzare i casi di successo di clienti reali per attirare l'attenzione di chi ancora non ti conosce.

Allo stesso modo è consigliabile far descrivere il tuo prodotto o servizio da un esperto, la voce dell'autorità dà credibilità e contribuisce a creare fiducia nella marca.

4. Bias di conferma

Si tratta dell'aver ragione, è la tendenza a cercare conferme di ciò che già consideriamo essere la verità. A volte, cerchiamo infatti informazioni solo per convincerci ulteriormente di qualcosa. Inoltre, arriviamo a distorcere le informazioni con l'obiettivo di dare valore alle nostre idee, per non metterle in dubbio. Intanto, omettiamo fatti che remano contro le nostre convinzioni o che metterebbero in dubbio il nostro ragionamento.

Puoi usare questo bias a tuo favore, ascolta il tuo cliente e scopri le sue credenze, fai in modo che i tuoi prodotti o servizi vadano incontro alle sue necessità e sviluppa le sue idee in profondità.

Se ti limiti a descrivere i benefici del tuo prodotto, senza sapere cosa vuole davvero il tuo cliente, rischi di non vendere. Per questo devi trovare modi di riaffermare le credenze delle persone che si interessano al tuo prodotto, capire le loro necessità e come pensano e offrirgli soluzioni. In questo modo potrai fargli credere che rappresenti la soluzione che sta cercando.

5. Effetto alone

Si tratta di un bias che ci porta a formare relazioni mentali, associamo l'aspetto fisico con personalità e carattere. Oppure associamo ciò che di positivo e negativo vediamo con altri aspetti che in realtà non hanno nulla a che vedere. Ciò ci porta a formare una percezione erronea di una persona o di un oggetto. Per questo bias siamo portati a pensare che una persona esteticamente bella sia anche intelligente e dal carattere affabile. Ci basiamo su una prima impressione superficiale e lasciamo che impatti il resto di aree.

Al momento di realizzare una vendita:

- Presta attenzione alle tue espressioni facciali e alla tua postura del corpo, cerca di trasmettere tranquillità e una sensazione di calore,

- Evita di incrociare le braccia e adotta una postura comoda e che trasmetta fiducia in te stesso,

- Non evitare il contatto visivo, ti farà guadagnare fiducia,

- Sorridi e mostrati entusiasta, senza esagerare. È contagioso e l'altra persona non tarderà a

ricambiare il sorriso,

- Fai in modo di presentare ciò che vendi come qualcosa di attraente, la prima impressione che offri di esso è importante.

6. Effetto IKEA

Qualche volta ti è capitato di sentire una sensazione di profonda soddisfazione dopo aver montato da solo un mobile? Si tratta dell'effetto IKEA! Le persone danno un valore speciale a qualcosa se sentono che hanno partecipato attivamente alla loro creazione, a prescindere dal risultato finale.

Questo bias è utile da conoscere per coinvolgere il tuo potenziale cliente o la persona che vuoi persuadere nel processo di scelta, fagli credere che sta creando un prodotto o un'idea su misura per sé. Fai in modo che le riunioni siano interattive per coinvolgerlo al massimo.

7. Fallacia del costo irrecuperabile

Tendenzialmente le persone amano portare a termine ciò che iniziano. A volte si impegnano a completare qualcosa per non percepire che il tempo impiegato facendo quell'attività è stato speso inutilmente. Pensa a quanti clienti sono "fermi" nella tua cartella clienti, tutti loro sono delle autentiche opportunità di vendita lasciate in stand-by. Se hai già investito tempo ed energie per sviluppare una relazione con loro e sei convinto che il tuo prodotto o servizio può aiutarli allora non farteli scappare. Contattali di nuovo e riprendi in mano la relazione, in fondo parte del lavoro lo hai già portato a termine!

Considerazioni finali

Abbiamo visto come la persuasione viene influenzata dalla qualità della comunicazione. Molti studi hanno dimostrato che i bias cognitivi hanno luogo davvero in fase di acquisto di un prodotto o servizio. La gente non compra per motivi logici ma si basa molto sulle emozioni, quindi il modo con cui parli ai clienti, il tuo corpo, le tue espressioni facciali sono fondamentali.

CAPITOLO 12

Come provocare o cambiare stati emotivi

"Quando ti viene nostalgia non è mancanza.

È presenza di persone, luoghi, emozioni che tornano a trovarti."

Erri De Luca

Saper gestire tutti gli stati d'animo, compresi quelli negativi, è sempre importante anche per il nostro benessere generale. Gli stati d'animo negativi tolgono forza, voglia di fare e rendono ogni nostro movimento e ogni decisione una sofferenza. Restare intrappolato nelle preoccupazioni, negli stati d'animo negativi può farti sprecare la giornata e non solo quella. Per evitare tutto ciò è importante saper gestire queste condizioni negative perché hanno una forte influenza sul nostro benessere, sulla nostra felicità e su quella delle persone che ci circondano.

Prima di tutto devi quindi saper catalogare le

emozioni, comprendere ciò che provi è infatti il primo passo per saperlo gestire. Puoi cominciare a suddividerle in due gruppi: primarie e secondarie. Quelle primarie non necessitano di consapevolezza, mentre le secondarie risultano essere invece più complesse perché richiedono un'analisi attenta e appropriata da parte tua delle motivazioni che ti portano ad agire o a non agire a seconda dei casi.

L'elenco delle emozioni primarie è composto da: rabbia, paura, tristezza, gioia, sorpresa, disprezzo, disgusto e accettazione.

La rabbia è la reazione a una frustrazione e si manifesta in comportamenti aggressivi; la paura è un'emozione generata dall'istinto di conservazione il cui scopo è quello di permetterti di affrontare le situazioni di pericolo; la tristezza è legata alla perdita di qualcosa o di qualcuno o al mancato raggiungimento di un obiettivo desiderato; la gioia viene attivata solo dopo che sei riuscito a raggiungere i tuoi obiettivi; la sorpresa arriva quando si verifica un evento inaspettato e, visto che questo evento risulta del tutto imprevisto, può diventare gioia o paura, a seconda di quel che è successo; il disprezzo è invece il sentimento di chi ritiene inferiore o indegna, per diversi motivi, una persona o una cosa; il disgusto si manifesta come una risposta repulsiva caratterizzata da un desiderio di allontanarsi da chi o da cosa è riuscito a suscitare questa emozione. L'accettazione non è nient'altro che la consapevolezza che un certo obiettivo è stato definitivamente compromesso.

Le emozioni secondarie

Queste derivano dalla combinazione delle emozioni primarie perciò risultano essere decisamente più complesse e corrispondono a: allegria, invidia, vergogna, ansia, rassegnazione, gelosia, speranza, perdono, offesa, nostalgia, rimorso e delusione.

In dettaglio puoi vedere che l'allegria corrisponde ad uno stato d'animo gioioso e di soddisfazione che si manifesta con vivacità e spensieratezza. Al contrario l'invidia è un'emozione provocata dai successi altrui dove si desidera quello che l'altro possiede. Con vergogna si intende un profondo turbamento che assale quando si realizza di aver agito o parlato in maniera riprovevole o disonorevole. L'ansia è uno stato emotivo di preoccupazione dovuta al prefigurarsi di un potenziale pericolo. La rassegnazione scaturisce dall'accettazione paziente di un dolore o di una privazione ricevuta. La gelosia deriva dalla paura di perdere qualcosa che riteniamo che ci appartiene. Con il termine speranza viene indicato lo stato d'animo che ha origine nella tendenza a ritenere che fenomeni o eventi siano in qualche modo controllabili. Il perdono scaturisce quando sostituiamo emozioni negative a un'offesa subita. La nostalgia consiste dal malessere causato dalla mancanza di una persona, di un luogo lontano o di una situazione passata che vorremmo rivivere; il rimorso è dovuto alla consapevolezza di non aver seguito il proprio codice morale; infine c'è la delusione, un'amarezza che arriva quando la realtà non corrisponde alle aspettative e alle speranze.

Le emozioni negative sono fonte di malessere sia mentale che fisico.

Prova a pensare a come, quando siamo coinvolti emotivamente, cambino la frequenza cardiaca, la respirazione e la tensione muscolare. Il tuo sistema endocrino e quello gastrointestinale vengono allertati a seconda degli stati d'animo che stai vivendo al momento. Ad esempio, bruciore di stomaco e mal di testa sono due delle principali reazioni negative che risentono per l'appunto di alcuni stati d'animo. La buona notizia è che è davvero possibile gestire gli stati d'animo negativi quali ansia, disagio, vergogna, panico, stress, rabbia, tristezza e paura.

Recentemente è stato pubblicato uno studio universitario effettuato da un gruppo di ricercatori finlandesi dell'Università della città di Aalto dove per la prima volta è stata effettuata una mappatura topografica delle reazioni del corpo umano agli stati d'animo, alle emozioni. Lo studio è stato effettuato su 700 soggetti provenienti da diverse parti del mondo, analizzati mentre provavano diversi stati emotivi e a cui è stato chiesto loro di identificare le parti del corpo che erano state maggiormente coinvolte da quella sensazione. Risulta particolarmente interessante il collegamento emerso tra emozioni e reazioni corporee, dato non è dettato da schemi culturali, ma risulta universale. Da qui si può evincere che la stretta interazione tra mente e corpo resta legata alla nostra primordiale natura "animale".

Le emozioni si manifestano spontaneamente e involontariamente e sono queste loro particolari caratteristiche che impediscono di decidere quali provare e quando. Tutto ciò avviene semplicemente a causa di termini evolutivi. Infatti, la loro principale funzione consiste nel rendere più efficace la reazione del soggetto a situazioni in cui è necessaria una risposta immediata ai fini della sopravvivenza. La rabbia serve ad attivare meccanismi di difesa e a far rispettare il nostro territorio e i nostri diritti su di esso. La gioia crea legami e risulta molto utile per formare comunità e famiglie. La paura attiva quei meccanismi fisici e mentali utili per garantirci la salvaguardia dai pericoli. Persino l'invidia ha in realtà un suo scopo, anche se spesso trascurato e non così evidente: ~~in realtà,~~ infatti serve per portarci al miglioramento.

Viene spesso associata solo ai suoi significati negativi ma se ei siamo evoluti è anche merito delle emozioni non positive che proviamo, quindi l'obiettivo non deve essere quello di rimuoverle ma di imparare a gestirle al meglio.

CAPITOLO 13

Come gestire gli stati d'animo

"Gli uomini non vengono turbati dalle cose, ma dalle opinioni che si fanno sulle cose."
Epitteto

Qui di seguito troverai qualche consiglio, semplici azioni che puoi intraprendere anche fin da ora senza nessun tipo particolare di preparazione che ti saranno utili per imparare a gestire i tuoi stati d'animo.

Non devi identificarti con l'emozione

Tu non sei la tua rabbia, ti senti arrabbiato. Un'emozione è qualcosa che provi, non quel che sei. Questa consapevolezza ti permette di vivere gli stati emotivi negativi con maggiore distacco, valutandoli per quello che effettivamente sono.

Consapevolezza emotiva

Se non sai riconoscere come ti senti, come puoi

capire i motivi che ti hanno portato a provare quell'emozione? E se non la riconosci come puoi gestirla? Non è possibile gestire stati d'animo negativi, non si può controllare un'emozione se prima non la si riconosce. Inoltre, devi capire che la rabbia o il nervosismo non devono farti paura, non rappresentano una debolezza o un fallimento, sono stati emotivi e quindi sono solamente di passaggio. Segnati l'ora esatta in cui la tristezza è arrivata a bussare alla tua porta e così capirai che: "Non sei sempre triste." Eri triste alle ore nove? Sono le dieci e tutto va bene! Ricorda inoltre che tenere tutto nella testa non ti aiuta e che la scrittura rappresenta il modo migliore per raccogliere e ordinare i tuoi pensieri e dare ordine ai tuoi stati emotivi.

Le due facce della medaglia

Per gestire gli stati d'animo negativi devi iniziare a guardare cosa c'è "dall'altra parte". Un'emozione negativa è quasi sempre vissuta in malo modo. Ricorda: "la sua principale funzione consiste nel rendere più efficace la reazione del soggetto a situazioni in cui si rende necessaria una risposta immediata ai fini della sopravvivenza." Ogni emozione negativa ha un'altra faccia della medaglia e devi vedere anche quella.

Esamina attentamente l'evento

Per riuscire a gestire gli stati d'animo negativi

devi prenderti tutto il tempo necessario per riuscire a capire cosa è successo. Osserva ogni dettaglio, come se fossi uno spettatore, ciò che ti ha dato fastidio e chi ti ha messo in difficoltà. Questa analisi ti sarà utile per capire che non è l'evento in sé a farti sentire triste o demotivato. L'evento è un evento e resta tale; è il significato che gli attribuisci a farti provare determinate emozioni.

Come vuoi sentirti?

Di quali risorse e qualità hai bisogno per gestire la tua situazione? Come vorresti sentirti per essere in grado di affrontare gli stati d'animo negativi? Scegli come vuoi essere davvero. Concentrati quindi sulle sensazioni positive che vuoi provare e sfrutta il tuo corpo per rafforzare tali emozioni. Ad esempio, se vuoi rilassarti muovi gambe e braccia in modo da distendere la muscolatura. Quando sei triste solitamente rivolgi lo sguardo verso il basso, il passo diventa lento, la schiena curva e le spalle abbassate. Fisiologia e mente sono interconnesse e allineate. Provando a cambiare tali posizioni provocherai già dei primi cambiamenti di umore.

Ricorda

Per imparare a gestire completamente gli stati d'animo devi sfruttare i tuoi ricordi. Torna con la mente a un preciso momento in cui hai gestito con efficacia una situazione simile a quella che vivi ora.

Tale ricordo è importante perché invia un messaggio chiaro e preciso, cioè ti mostra come hai già affrontato una situazione simile. Non farti trascinare però dai ricordi negativi, rafforza le sensazioni positive. Chiudi gli occhi e immagina di tornare in quel momento del passato. Ricostruisci la scena nella tua mente, come se stessi vedendo un film. Chi c'era con te? Cosa stava succedendo? Quali suoni potevi udire? Ora immagina che i colori di questo film diventino sempre più brillanti, la scena diventa sempre più viva, reale. Come ti sentivi durante questo momento di successo? In pochi secondi, potrai rivivere le stesse sensazioni di quell'istante del passato, riuscendo così a superare anche il momento di difficoltà nel presente. Si tratta solo di una questione di esercizio.

Se fossi...

Ecco l'ultimo punto per gestire al meglio gli stati d'animo negativi. Pensa a una persona che stimi, mettiti nei suoi panni e, a questo punto, fatti una domanda del tipo: "Se fossi al suo posto come affronterei questa situazione?". Ponendoti una domanda del genere vai ad attingere a risorse sopite a soluzioni che altrimenti non riusciresti a trovare perché limitato dalle tue convinzioni. In questo modo riesci invece a pensare diversamente, in maniera più distaccata dal tuo essere. Se il tuo vero obiettivo è quello di imparare a gestire gli stati d'animo, positivi e negativi che siano, devi imparare a trasformare le tue emozioni e a cambiare i tuoi pensieri.

"L'aspetto delle cose varia secondo le emozioni; e così noi vediamo magia e bellezza in loro, ma, in realtà, magia e bellezza sono in noi "- Kahlil Gibran

CAPITOLO 14

Come aumentare il proprio magnetismo personale

*"- Non so se lo sai ma i pappagalli africani,
nella loro terra natia, in Congo, parlano solo francese.*

- Davvero?

*- Se sei fortunato mettono insieme 4 parole in italiano,
ma quando cammini nella giungla senti solo parlare
francese.*
*Questi pappagalli parlano di tutto: sport, film, moda,
ma proprio di tutto, tranne che di politica e religione.*

- Perché non di politica e di religione?

*- Perché è da maleducati parlare di politica e di
religione...*
...non sai mai chi puoi offendere."

Da Big Fish, film diretto da Tim Burton

Voglio iniziare questo capitolo raccontandoti una storia, in realtà si tratta di un aneddoto riguardante un personaggio storico, quasi leggendario, che sicuramente conosci: Napoleone Bonaparte.

Durante la sua infanzia era un ragazzo normale, non era alto, non bello e non sembrava coltivare grandi aspirazioni al punto che i genitori erano spesso preoccupati per lui, visto che non riusciva nemmeno a integrarsi nella scuola francese perché era visto come uno straniero, un italiano della Corsica dalle origini toscane. La voglia di vincere e di rivalsa saranno state coltivate, giorno dopo giorno, visto dove è arrivato... ma voglio farti riflettere su un episodio in particolare.

Dopo la *debacle* di Lipsia del 1813, Napoleone fu esiliato sull'isola d'Elba. Nel 1815 riuscì però a scappare clandestinamente e a sbarcare ad Antibes, da dove fece ritorno a Parigi. In quel momento Napoleone era privo di tutti i suoi poteri, aveva infatti precedentemente abdicato e Re Luigi XVIII, una volta avuta la notizia del suo arrivo a Parigi, aveva mandato il suo esercito ad arrestarlo, insomma, Napoleone era ormai pienamente decaduto a livello politico, privo di cariche, ma non per questo vinto o sconfitto. Di fatto, quando vide il reggimento da lontano, scese da cavallo e si avvicinò a loro a piedi, passo dopo passo. Quando fu abbastanza vicino da poter guardare gli uomini delle prime file direttamente negli occhi, pronunciò il seguente discorso: "Soldati del quinto reggimento, mi riconoscete? Se uno solo di voi desidera sparare all'imperatore, può farlo ora". Si fermò, aprii le sue braccia, le allargò e prestò il suo petto indifeso al fuoco amico/nemico dei militari. Seguirono alcuni istanti di silenzio prima che un solo grido si innalzasse univocamente dalla truppa: "Viva il nostro imperatore!". Poi, insieme, marciarono fino a Parigi, riconoscendo Napoleone come loro capo. Una manciata di anni più tardi diventò il fondatore del primo impero francese nonché uno dei più grandi conquistatori nella storia, con gran parte dell'Europa ai suoi piedi.

Dimmi, secondo te, dopo aver letto questo episodio, pensi che il giovane e insicuro Napoleone potesse arrivare a fare tutto ciò se non si fosse preoccupato prima di sviluppare la sua personalità magnetica?

Puoi aumentare il tuo magnetismo personale se inizi a familiarizzare con gli strumenti del potere. A volte può risultare davvero ingestibile, ma tutti si allenano nelle loro professioni per riuscire ad arrivare al successo, dai calciatori ai meccanici, quindi se vuoi aumentare il tuo magnetismo ti servirà costanza e allenamento. Visualizza la questione in questo modo: il tuo corpo è un magazzino dove hai già tutti gli attrezzi che ti servono; devi solo imparare a usarli nel modo giusto e nel momento giusto. Non a caso il tuo successo dipende dalla capacità di gestione. Osserva gli altri, se hanno delle qualità che ti sembrano importanti annotale. Qualcuno lo fa già inconsciamente ma se vedi che finora questa non è un'azione che fai spesso, comincia a segnarti tutto su un quaderno, un blocchetto degli appunti, un file di testo sul cellulare... dipende solo da te, da come ti trovi meglio, ma per ora ti consiglio di ricorrere a carta e penna perché queste lasciano, secondo diversi studi, più tracce nella memoria.

Ricorda però che l'unico modo in cui puoi migliorare è quello di osservarti sinceramente e attentamente. Ammetti i tuoi errori e correggili: errare è umano, perseverare no. In un primo momento forse non ti verrà tutto così automatico e ti costerà un po' più di fatica di quel che pensi, ma vedrai poi che tutto sarà più semplice. Quando commetti un errore o fai qualcosa di inopportuno, segnalo in un appunto. In questo modo la prossima volta che questa situazione ti si presenterà davanti vedrai il tuo pensiero affacciarsi sull'errore e avrai molte possibilità di non ripetere l'azione. Si rivelerà di grande aiuto il tuo annotare ogni sera tutti i tuoi miglioramenti quotidiani. Vedrai come questi finiranno con il restare impressi nel tuo inconscio, diventando parte di te. Devi essere pronto a cambiare in meglio, a migliorarti. Tieni aperta la tua mente, fai in modo che sia in grado di accogliere la positività come merita, ma sii altrettanto pronto a chiuderla al male. Il bene è incredibilmente magnetico.

Inizia a credere davvero in te stesso, convinciti di potercela fare. Se pensi di essere debole, sicuramente parti con il piede sbagliato e molto probabilmente non ce la farai a raggiungere il tuo scopo, ma se pensi di avere del potenziale e ti applichi costantemente per migliorarti, sicuramente finirai con il migliorare. Lo stato negativo è una debolezza, un peso, mentre quello positivo è una forza, un valore aggiunto. Tienilo sempre bene a mente. Tu sei potere, sei all'altezza di qualsiasi situazione. Sviluppa tutto il tuo potenziale. Stai creando al tuo interno un vero potere personale in grado di attirare l'attenzione e la volontà degli altri. Certo, ricordati sempre di essere concreto e realista e di procedere passo dopo passo, di certo non potrai mai volare da solo, ma prendendo un aereo sì!

Devi quindi deciderti a credere sul serio in te stesso e nei tuoi mezzi. Fa sì che il tuo modo di fare mostri fiducia e coraggio. Quando senti qualcuno dire: "Tizio farà strada!", cosa credi faccia nascere questa opinione negli altri? Semplice, è il suo modo di fare, perché Tizio crede in se stesso e nei suoi mezzi.

Suggerisci ora a te stesso: "Io sono potere. Io amo me stesso. Il mio modo di fare esprime attività e coraggio. Questo è il mio modo, è il mio atteggiamento. Io ho tutto ciò che serve per guadagnarmi la fiducia e il rispetto degli altri". Ripetilo più volte, mentre ti alleni, prima di affrontare una qualsiasi sfida, quando ti trovi di fronte a quello che per te rappresenta un ostacolo difficile da superare. Questo deve diventare il tuo mantra personale. Ti rivelo un piccolo segreto, lo vuoi sentire? Lo sai che se lo fai tutti i giorni, alla fine dell'anno, avrai messo in atto trecentosessantacinque miglioramenti?

Fai sempre attenzione a quello che dici, non dare mai per scontato che qualcosa sia vero solo perché l'hai sentito dire in giro e se l'ha detto la televisione non vale sempre, devi saper scegliere fonti affidabili. Un esempio perfetto è il caso di Jürgen Norbert Klopp, allenatore del Liverpool dei record, a cui, durante un'intervista hanno chiesto la sua opinione sul Coronavirus, ha risposto: "Perché lo chiedete a me? Io sono un allenatore di calcio con il cappello da baseball e una brutta rasatura". Cerca quindi di informarti a dovere per non fare brutte figure, se non sei totalmente sicuro che quella sia la verità, non hai nessun motivo per diffonderla come tale, cita quindi la fonte da cui l'hai sentita. Ricorda che l'uomo retto, l'uomo magnetico, non espone mai i fatti diversamente da come sono e le bugie hanno le gambe corte. Certo, puoi ovviamente aggiungere un tuo tocco personale, per far vedere agli altri che sai quel che dici e che sai quel che fai perché certe cose le hai già attraversate.

Essere egoisti non paga assolutamente in termini di fascino. Ad esempio, Scrooge, il famoso protagonista del Canto di Natale di Dickens, non è certo magnetico prima del finale, cioè quando vive esclusivamente di egoismo. Non troverai mai una persona egoista con una personalità vincente.

L'interesse per se stessi è altamente necessario, ma l'egoismo è di fatto negativo. Quante volte hai incontrato qualcuno che inizialmente ti piaceva ma poi frequentandolo meglio hai visto che era un egoista e quindi hai perso il rispetto nei suoi confronti e hai preferito allontanarlo? Una delle risorse più inestimabile nella vita di un essere umano è proprio l'amicizia. Si può avere tutto il denaro del mondo ma se non si hanno dei veri amici non si sarà mai felici, in fondo chi trova un amico trova un tesoro, e le persone magnetiche sono sempre circondati da amici.

Ricordati inoltre della grande importanza del tatto. Qualcosa che è sempre più dimenticato e trascurato ma che è uno degli ingredienti usati dalle persone magnetiche per attrarre gli altri. Puoi parlare di tutto, ma devi farlo con tatto. Se sei piacevole, ci sono molte possibilità che gli altri siano piacevoli con te.

Se vuoi piacere a molte persone devi diventare un buon "miscelatore". Cosa vuol dire? Come ben sai le persone sono diverse tra loro per certi aspetti e si comportano diversamente a seconda delle occasioni, quindi dovrai poterti adattare andando incontro ai loro gusti e ai loro desideri. Ma attenzione, qui c'è una sottile differenza, non devi essere accondiscendente, questo farà pensare agli altri che hai una personalità sottomessa. Chi vuole sviluppare una personalità vincente deve farlo diplomaticamente.

Sii di mentalità aperta, non devi convincere gli altri del tuo modo di pensare o di agire, le personalità magnetiche non convertono gli altri, ma li attraggono. Evita quindi di interferire con i gusti e le convinzioni altrui. In altre parole, quando sei a Roma, fai come fanno i romani.

Ti sarà molto più facile risultare attraente se eviti di ricorrere alla collera, alla bestemmia, alla brutalità e alla volgarità. Sembra scontato ma magari, in una situazione ad alto tasso di nervosismo potresti sbottare malamente; se questo succede non fare finta di nulla, scusati subito.

Spesso senti dire di una persona che è genuina, e le persone genuine sono molto apprezzate perché questa qualità ha potenzialità magnetiche molto elevate. Quando hai di fronte una personalità genuina sai di poterti fidare di lei immediatamente. Se ti soffermi un attimo a guardare una persona genuina, noterai che raramente distoglie lo sguardo mentre ti parla, e le sue maniere sono naturali, semplici, non artefatte. Poniti questo obiettivo nella tua mente: "Io sono quello che sembro e nessuno può dire che io non lo sia". Alimenterai un circolo vizioso positivo perché compiendo azioni genuine finirai con l'essere più genuino anche tu.

Inoltre, non puoi pensare di poter arrivare a ottenere una personalità vincente se hai paura di guardare le persone negli occhi. Guarda lo specchio e pensa a qualcosa di positivo. Nota l'effetto che questo ha nei tuoi occhi. Praticare questo esercizio aumenterà il magnetismo del tuo sguardo.

Un'altra cosa molto importante che non devi mai sottovalutare è l'autocontrollo. Nulla è più deleterio della mancanza di autocontrollo. Non conta cosa dici, ma come lo dici, se perdi la calma e non soppesi le parole perdi il tuo equilibrio. In questo modo finirai solo per provocare rabbia e risentimento negli altri e in te stesso vanificando tutti gli sforzi fatti fino a quel momento.

Una persona capace di grande controllo suscita rispetto e fiducia. E, come capirai, chi riesce a controllare se stesso riesce anche a controllare gli altri.

Un piccolo esercizio che ti può aiutare, molto semplice e che non ti costa nessuna fatica, consiste nel ripeterti al mattino davanti allo specchio la seguente frase: "Qualunque cosa succeda, oggi rimarrò calmo e non mi arrabbierò". Volendo, poi, prima di andare a letto, ripensa alle azioni della giornata e rifletti se sei stato di parola con te stesso o meno.

A questo punto ti presento una buona notizia, cioè che è possibile sviluppare il magnetismo per attirare a sé altre persone anche se non si hanno doti naturali.

La definizione di magnetismo lo descrive come un'aura energetica che circonda l'individuo e che lo rende attraente alle altre persone.

Vale la pena precisare che il magnetismo può aumentare mettendo da parte l'ego, lasciando passare una forza superiore che si esprime al meglio nella misura in cui non incontra resistenze egoistiche interiori.

Si potrebbe quasi dire che la sua forza arriva all'apice quando si apre il proprio cuore, quando si è innamorati del mondo, condizione raggiungibile solo attraverso un opportuno lavoro interiore che hai già iniziato a fare leggendo queste pagine.

Di seguito ti propongo qualche esercizio per aumentare la tua forza magnetica.

Trattieniti

Cerca di trovare il tuo equilibrio e di entrare nel tuo flusso. Focalizzati su quello che è il tuo centro emotivo, liberati per 30 minuti di ogni pensiero e resta concentrato su te stesso, trovando la tua essenza e la tua centratura. Abbandona ogni superflua necessità di approvazione. Puoi aumentare il magnetismo rinunciando del tutto al desiderio di approvazione. Le persone in armonia con se stesse hanno grandi capacità attrattive.

Trasformati

La forza che trattieni dentro di te si accumula e ti trasforma. Tutte le volte che non cedi al desiderio di approvazione, appari in un modo diverso, migliore, di fronte agli altri. In quei momenti accumuli un'incredibile forza dentro te. Ciò che non viene espulso diventa una calamita che attira l'attenzione dall'esterno. Cedere ai superflui desideri di consenso scarica e indebolisce la vera forza attrattiva. Forse non ti sorprenderà il fatto che più vuoi metterti in mostra, essere accettato e ricevere l'approvazione degli altri e meno ci riesci, perché perdi magnetismo proprio dietro questi tentativi di farti accettare.

Respira

Devi imparare a portare il respiro sul cuore e sullo stomaco. Ti sembrerà strano ma questa respirazione circolare esercitata per almeno un quarto d'ora al giorno cambierà la tua percezione della realtà. Questo è un modo per aprirti al mondo e diverse discipline orientali, come lo yoga, ne sfruttano da tempo il grande potenziale.

Svegliati senza sveglia

Perdona l'assonanza di termini, ma ci hai mai provato? No? Se lasci il compito di svegliarti al tuo orologio biologico e non alla sveglia avrai dei miglioramenti non da poco. La tua determinazione a svegliarti a una certa ora provocherà una serie di risvegli e diminuirà le incertezze. Ti consiglio tuttavia, per non perderti qualche incontro importante, di impostare la sveglia i primi tempi perché anche qui, come in ogni cosa, ci vuole pratica.

Riprogramma l'inconscio

L'autoipnosi, o metodo di autoconvinzione, aiuta il tuo corpo e la tua mente ad assorbire nuove indicazioni. In altre parole, immergiti in un mare di messaggi positivi, in particolar modo al mattino. Attacca dei Post-it al frigo e in tutte quelle zone della tua casa che frequenti più spesso. Scrivi frasi in grado di riprogrammare il tuo subconscio: ovvero, scrivi delle affermazioni il cui contenuto rappresenti ciò che vuoi ottenere o la persona che vuoi diventare. Puoi anche tenere queste affermazioni come sfondo del cellulare o del computer, per massimizzare il numero di volte che le andrai a vedere.

CAPITOLO 15

Come parlare in modo ipnotico

Voglio subito precisarti che quando menziono in questo testo il parlare in modo ipnotico non mi riferisco a quelle tecniche di ipnosi tipiche dell'immaginario collettivo. Qui ti appresti a leggere qualcosa che non ti permetterà di manipolare le menti altrui a tuo piacimento, ma che piuttosto ti aiuterà ad attirare la giusta attenzione e i giusti consensi grazie a un concetto che è quasi magico anche se nulla ha a che fare con la magia, cioè l'empatia. Sei pronto? Allora, iniziamo.

Per prima cosa devi sapere che per riuscire a parlare in modo ipnotico devi conoscere e saper maneggiare tre strumenti principali: parole, voce e linguaggio del corpo. Adesso però ti preciso subito alcune cose. Cominciamo proprio dalle parole: nella comunicazione alcune non vogliono dire assolutamente nulla mentre altre lasciano segni molto profondi. Per-quanto riguarda l'aspetto della voce esamineremo il tono e il ritmo mentre per il linguaggio del corpo troverai approfondimenti riguardanti la postura, i gesti e la vicinanza con l'interlocutore.

Qualcosa che forse ancora non sai è che nella comunicazione i contenuti incidono solo per il 7%, la voce per il 38% e i gesti per il 55%. Come già detto ci sono alcune parole che ad ogni modo sono assolutamente da evitare se vuoi migliorare la tua comunicazione. Queste sono:

Ma, Però: il motivo è semplice, se ricorri al loro utilizzo metti in discussione e annulli tutto ciò che hai già detto prima. Risulta più efficace usare termini come la congiunzione **E**, oppure **Tuttavia**, parole che addolciscono la conversazione e mostrano un'altra opzione.

No: se la usi spesso e senza motivo trasmetti negatività. Devi usarla bene, come si deve. Impara a ridurne l'utilizzo, usa il "no" solo quando è strettamente necessario.

Non: ci sono diversi modi di comunicare e di presentare qualcosa, se vuoi che il tuo messaggio sia più magnetico evita di ricorrere ad un'espressione come "non". Ad esempio, invece di chiedere a qualcuno di "Non calpestare l'erba" puoi dire: "Cammina sul marciapiede dove non rischi di scivolare".

Il tono e il ritmo della voce sono due fattori molto importanti. Il tono serve per far capire il messaggio.

Devi fare in modo che quello che vuoi dire arrivi al destinatario nel modo migliore e mantenere la sua attenzione. Quante parole puoi pronunciare al minuto? L'ideale non è troppe ma nemmeno troppo poche, cioè circa 125 - 150 parole al minuto; fai attenzione però, la tua mente è in grado di "pronunciarne" 600! Devi stare attento, vuoi parlare alla velocità della luce oppure rischiare di far addormentare qualcuno nei tuoi discorsi? Anche in questo caso, per migliorare questi aspetti, puoi allenarti! Prendi un testo di 150 parole circa scritto da te o da un'altra persona e fai in modo di leggerlo in un minuto. Fai ben attenzione, cerca di notare dove vanno messe le pause.

Passiamo ora a esaminare la postura che incide su voce e pensieri. Quando sei in posizione eretta e hai i palmi delle mani rivolti verso il basso, sei nella posizione cosiddetta di "appianatore", che esprime autorevolezza; se invece rivolgi i palmi verso l'altro sei in quella di "propiziatore", e mostri una certa apertura. Se invece sposti il peso del corpo in avanti e punti il dito, ti poni in fase di "accusatore". Le mani sotto il mento, la testa alta, ti fanno assumere la posizione da "calcolatore" mentre una posizione asimmetrica è da "confusionario". Ovviamente le posizioni del corpo enfatizzano il ritmo della voce. Ora ti propongo tre semplici esercizi per allenarti a parlare in modo ipnotico.

Parla sbadigliando per 3 minuti tutti i giorni per almeno 30 giorni: questo tipo di esercizio allena correttamente il palato molle.

Leggi una pagina di un libro a voce alta sillabando con un forte accento per allenare i muscoli della bocca.

Leggi ad alta voce per 1 minuto e conta le parole lette, si tratta di un esercizio utile per pronunciare il giusto numero di parole in uno specifico lasso di tempo.

A questo punto però ti starai sicuramente chiedendo se esiste un modo per rafforzare le tue idee nella mente degli altri e la risposta a questa tua domanda è sì, esiste. Puoi rafforzare il radicamento delle tue idee nella mente dei tuoi interlocutori, e volendo anche nella tua, attraverso l'uso di una specifica terminologia che, una volta adottata, renderà la tua comunicazione decisamente più persuasiva.

Quella che è intesa qui come comunicazione persuasiva è quel tipo di comunicazione usata per avere un determinato impatto sull'interlocutore: in questo senso puoi pensare alla pubblicità stessa come un valido esempio di comunicazione persuasiva.

Certi aspetti di questo tipo di comunicazione si basano su terminologie denominate "attivanti". Queste sono frasi del tipo "Ora che stai leggendo queste parole, puoi provare interesse per quello che stiamo dicendo". In questo modo, inserendo opportune istruzioni di processo suggerisci uno stato d'animo alla persona con cui stai comunicando. Ad esempio: "Ti è mai capitato di essere interessato a...": come vedi c'è un comando nascosto che attiva la tua attenzione. Questi cosiddetti "termini attivanti" servono ad innescare emozioni e stati d'animo. Una pubblicità contiene frasi del tipo "Non è necessario decidere ora...", il termine *decidere* evoca lo stato d'animo, la sensazione di dover proprio decidere ora. Così come: "Non c'è bisogno di affrettarsi a...", è a tutti gli effetti una frase attivante.

Insieme a questi termini attivanti, puoi ottenere una comunicazione persuasiva ricorrendo a dei comandi nascosti, cioè a frasi contenute all'interno di altre frasi, come ad esempio: "A un mio amico capitava di essere molto curioso". Il termine curioso, anche se in questo esempio viene usato come metafora relativa a un'altra persona, suscita curiosità nel tuo interlocutore. Fai attenzione, però: questo genere di comandi funziona perché risultano invisibili, infatti agendo sull'inconscio non attivano le opportune resistenze e permettono alle persone di rispondere alle domande facendole però restare sotto il livello di consapevolezza.

Un'altra tecnica molto efficace, **da utilizzare in modo etico**, è quella dei 4 passaggi. Il cervello umano è strutturato in maniera tale che, se si trova d'accordo con tre frasi di seguito, allora tenderà molto probabilmente ad accettare anche la quarta.

Facciamo un esempio per capire meglio: mentre stai leggendo queste pagine, ti stai incuriosendo sul funzionamento di questa tecnica, e non vedi l'ora di saperne di più, e probabilmente la utilizzerai appena potrai.

Hai scoperto il trucco? Ho elencato quattro passaggi cercando di scegliere i primi tre in modo tale che fossero facili da accettare, poi ho aggiunto il quarto comando finale a cui il tuo cervello ha probabilmente detto "sì", inconsciamente.

È come se la tua mente conscia andasse in cortocircuito dopo il terzo "sì", il terzo passaggio, così che il quarto comando aggira le sue difese e va a insinuarsi direttamente nel tuo inconscio.

Rivediamo l'esempio: mentre stai leggendo queste pagine (1), ti stai incuriosendo sul funzionamento di questa tecnica (2), e non vedi l'ora di saperne di più (3), e la utilizzerai appena potrai (4, quarto passaggio, ovvero il comando finale).

L'effetto che se ne può ricavare è quello che desideri dall'inizio della lettura di questo libro, cioè di portare un'altra persona nella direzione di pensiero da te voluta.

Ricalca

Insieme ai termini attivanti ti consiglio di ricalcare il tuo interlocutore, così facendo riuscirai a formulare una comunicazione nel migliore dei modi, anche grazie a un forte impatto emotivo. Immagina di trovarti in una riunione di lavoro dove devi spiegare qualcosa di nuovo. Qui potresti ricorrere all'uso di una terminologia attivante accompagnata da un ricalco: "Mentre mi ascoltate, potete capire quello che sto dicendo". È ovvio che ti stanno ascoltando, quindi è bene usare questa verità oggettiva, per ricalcare uno stato d'animo. Se usi domande come "Capite quello che sto dicendo?" non otterrai lo stesso effetto. Il termine temporale "mentre..." crea un campo affermativo, stabilendo un rapporto. Oltre a tutto ciò puoi decidere di adottare anche le cosiddette generalità: non puoi di certo sapere quello che la persona davanti a te sta pensando, sentendo o percependo in modo particolare, ma puoi ricalcare ugualmente, ricorrendo all'uso di verità oggettive e di generalizzazioni.

Ora ti faccio un esempio: "Mentre senti la temperatura della stanza...", questa frase non contiene nessuna informazione riguardante il caldo o il freddo, ma generalizza sulla temperatura del qui e dell'ora. Chi lavora nella comunicazione pone grande attenzione a ogni singola parola, perché ogni termine può essere attivante e aprire così un modulo emozionale specifico. Anche le espressioni negative hanno validità attivanti: "Tu non puoi essere curioso", come vedi qui il comando implicito resta, suscitando lo stato emotivo di curiosità.

Quando devi usare queste frasi? Quando hai a che fare con persone che dicono "Io non posso sentirmi felice". Puoi subito ricalcarle: "Capisco come tu non possa sentirti felice, capisco come tu non possa provare questo stato d'animo", suggerendo inconsciamente al tuo interlocutore quello stato d'animo di felicità che l'altro si sta negando. Così facendo, pian piano, il tuo interlocutore cambierà stato d'animo; una, due suggestioni ripetute per un po' di tempo danno origine allo stato d'animo desiderato, in questo caso la felicità.

"Ti è mai capitato di... essere in un posto meraviglioso e..." come vedi queste parole creano subito uno stato emotivo. Mentre le pronunci l'interlocutore inizia già ad attingere ai suoi ricordi, relativi a quando è stato realmente in un posto meraviglioso e torna a rivivere quelle sensazioni, perdendo il contatto con il presente, entrando con la mente in uno stato differente.

Tra i modi peggiori per iniziare un discorso c'è quello di ricorrere all'utilizzo di parole che hanno una valenza negativa. Tra queste rientrano tutte le parole che fanno iniziare male la comunicazione, come:

"Le rubo soltanto un minuto": scusa, ma come ti viene in mente di rubare qualcosa? Direi che non è proprio il caso... tanto per intenderci, così facendo, porti solo un senso di perdita di tempo e, contemporaneamente, vai a posizionarti in una dimensione di inferiorità. Solo chi non è importante fa perdere tempo. Il tuo interlocutore, nel momento in cui sente pronunciare qualcosa del genere ti ha già soppesato, inconsapevolmente avverte una suggestione negativa.

"Non ti annoierò": in questo modo susciti immediatamente il sospetto che quanto hai da dire sia poco importante e paradossalmente questa preoccupazione viene trasmessa nella comunicazione con valenza decisamente negativa, richiamando proprio quella noia che volevi evitare.

"Non vorrei disturbarti": qui richiami pienamente quel senso di disturbo che vuoi evitare.

"Hai un momento da dedicarmi?": così dicendo ti poni in una situazione di inferiorità, definendoti poco degno di attenzione.

"Disturbo?": sì, perché se la tua presenza è gradita, questa non è affatto motivo di disturbo e non hai bisogno di chiedere.

Quindi ti risulterà ormai chiaro che garantisce migliori risultati il ricorrere a termini positivi, in grado di far emergere dall'inconscio emozioni gradevoli che permettono di essere più persuasivi nella comunicazione.

In determinate occasioni ti consiglio di usare la parola "perché", quando vuoi approfondire stati emotivi di tipo positivo, come ad esempio "Ti voglio bene perché...", o "Sono felice di assumerti perché...". In questo modo la mente andrà a cercare tutte le risposte che servono ma, diversamente da quanto hai visto prima negli esempi negativi, queste saranno risposte che approfondiranno stati d'animo positivi. Fai attenzione, perché il perché, perdona la ripetizione, può diventare una potenziale barriera nei confronti di una comunicazione efficace: "Perché non mangi?", "Perché sei arrabbiato?", "Perché l'hai fatto...?" sono tutte domande che, se accompagnate da un certo tipo di tono, risultano arroganti e finiscono con il generare un comportamento difensivo nell'altra persona portando l'altro ad "aprire" una serie infinita di risposte che non facilitano il resto della conversazione.

Risulta decisamente più proficuo adottare un approccio come: "Riguardo a cosa...?"," In che senso?", "Cosa ti impedisce di...?", "Cosa succederebbe se...?", domande chiuse capaci di portare l'interlocutore a ripensare alla propria esperienza e a esprimere con maggior accuratezza ciò che vuole dire.

Evita di usare la parola "io", perché denuncia grande insicurezza e un'esaltazione della propria identità per compensazione. Ricorrendo a questo pronome crei una barriera invisibile che ti allontana dagli altri, metti a disagio, crei antipatia e, come se non bastasse, non permetti un ascolto di tipo empatico.

La condizione principale per cambiare un pensiero da negativo a positivo è quella di formulare sempre in positivo l'obiettivo che desideri raggiungere perché il cervello non percepisce negazioni: "non pensare assolutamente ad una camicia rossa", nel momento in cui pronuncio "camicia rossa" la mente ha già creato quell'immagine. Se sei su una scala e qualcuno ti dice "non pensare che puoi cadere", eccoti l'effetto contrario causato dal fatto che, per non pensare di cadere, il cervello deve prima pensare di cadere e poi andare ad annullare l'immagine complessiva. Questo genere di operazioni porta spesso al risultato opposto a quello desiderato; una relazione ricca di parole come "difficoltà", "sforzi", "problematiche", "carenze", "sacrifici" ecc. creerà col tempo solo aspetti negativi come sensazioni di disagio e insicurezza.

Le percezioni negative possono essere contrastate con l'impiego di qualche accortezza. Ricorri all'uso del "noi" solo quando puoi: "Il progetto che vi presento si suddivide..." dovrà diventare "Il progetto che ora vedremo insieme si suddivide...". L'io e il tu hanno la tendenza a finire in conflitto. Pensa ad esempio alla solita discussione tra due genitori che litigano e pronunciano "tuo figlio" se le cose vanno male o "nostro figlio" se invece le cose vanno bene.

Esistono parole emotivamente più cariche di altre, se ad esempio dici a una persona: "Non credo assolutamente a ciò che stai dicendo" o se affermi "Sei un bugiardo", in pratica stai esprimendo lo stesso concetto, ma da un punto di vista emozionale crei un effetto totalmente differente. Dire "Mi spiace di aver fatto tardi, ma ho avuto un contrattempo che...", è sempre meglio di: "Non puoi capire che razza di sciagura mi è capitata".

Le persone tendono a enfatizzare molto di più le parole negative di quelle positive, a volte anche quando devono descrivere eventi piacevoli, capita che ricorrano all'uso di terminologie negative: "Da paura!", oppure "Bello di brutto!". Questo accade perché in realtà abbiamo poche parole per descrivere cose molto belle e questo ha finito con il renderci più esperti nello "stare male" che nell'essere motivati e nel sentirci bene. Linguisticamente parlando, quante più parole abbiamo a disposizione per descrivere un evento, tanto meglio lo conosciamo.

CAPITOLO 16

Dall'altra sponda della manipolazione: come riconoscere un comportamento manipolativo e difendersi, prendendo il controllo dell'interazione

Finora ti ho mostrato un punto di vista attivo sulla manipolazione, cioè le azioni, le tattiche, le strategie, i trucchi da mettere in atto se vuoi persuadere e convincere qualcuno. Altrettanto vero è che la comunicazione è sempre a due vie, quindi anche gli altri potranno usare tutto ciò, non "contro", ma "su" di te, per tale motivo in quest'ultima sezione del testo ci spostiamo dall'altra sponda della manipolazione e andiamo a vedere come puoi difenderti da un comportamento manipolatorio, come puoi reagire prontamente e passare a prendere il controllo dell'interazione in corso.

A questo punto dovresti già avere chiaro che chi ha un comportamento manipolatorio vuole influenzare il pensiero e le azioni di un'altra persona. Molto spesso sono le emozioni profonde che provi nei confronti di qualcuno a offuscare la tua capacità di giudizio, impedendoti di vedere la verità che si nasconde dietro a certi comportamenti per arrivare a secondi fini che di certo non sono di tuo interesse.

Inoltre, c'è da aggiungere che le modalità di controllo collegabili alla manipolazione non sono sempre così ovvie e riconoscibili per le persone più inesperte nel settore, celate come possono essere dietro a senso del dovere, abitudini e perché no, diciamolo pure, dietro all'amore. Non tutte le persone che ami vogliono il tuo bene. Devi quindi imparare a riconoscere i "segnali di allarme" se vuoi evitare di essere manipolato dagli altri.

Fermati un attimo se hai qualche dubbio su qualcuno e domandati: "Questa persona mi sta davvero trattando con il rispetto che merito?", "Sta avanzando delle richieste adeguate?", "Questo è un rapporto a senso unico?", "Mi sento a mio agio in questa relazione?". Se, purtroppo, la risposta a queste domande è "no", probabilmente il problema tra di voi è la persona manipolatrice e di certo non tu.

Tieni presente che la manipolazione può verificarsi in tutti i tipi di rapporti, persino in quelli sentimentali, familiari e platonici. Presta la massima attenzione a uno schema manipolatorio in determinati atteggiamenti perché possono solo finire con il danneggiarti. Quando qualcuno ti manipola, i tuoi diritti e i tuoi interessi vengono ignorati e calpestati dall'altra persona. Se riesci a prevedere con certezza come si comporterà qualcuno per raggiungere i suoi scopi, probabilmente sei sulla strada giusta per individuare questi comportamenti manipolatori.

Osserva il comportamento

Una cosa che puoi iniziare a notare è quella di cercare di vedere se il tuo interlocutore desidera sempre che tu parli per primo o no. Infatti, i manipolatori preferiscono stare ad ascoltare ciò che hai da dire per poter individuare meglio quali sono i tuoi punti di forza e le tue debolezze. Così ti rivolgono domande per "stanarti", per farti esprimere le tue opinioni personali e i tuoi sentimenti. Di solito questo genere di domande inizia con espressioni del tipo: "Che cosa", "Perché" e "Come". Le loro risposte e azioni, ovviamente, si basano su quello che hai detto tu. Fai attenzione però che il solo fatto di pretendere sempre che tu parli per primo non dovrebbe essere considerato un comportamento manipolatorio. Devi valutare anche molti altri atteggiamenti. Tieni presente che chi vuole manipolare qualcuno di certo non rivela informazioni personali durante le conversazioni, ma si concentra sull'altro, in questo caso su di te.

Questo atteggiamento, se si mantiene costante nella maggior parte delle conversazioni, può effettivamente essere un segnale di manipolazione. Anche se quello dell'altra persona può sembrarti un interesse sincero, ricorda che molto probabilmente dietro ha un secondo fine. Prova a conoscere meglio la persona su cui nutri dei dubbi, se vedi che questa si mostra chiusa, reticente, se si rifiuta di rispondere, il suo interesse nei tuoi confronti potrebbe non essere poi così sincero.

Nota inoltre se questa persona si serve del suo fascino per ottenere ciò che vuole da te. Le persone carismatiche per natura, ma manipolatrici, sfruttano il fascino per raggiungere i loro obiettivi, qualunque essi siano. Prima di una richiesta potrebbero farti un complimento, prepararti un pranzo, mostrarsi sdolcinati e così via. Cerca di prestare la massima attenzione al comportamento di tipo coercitivo. I manipolatori convincono gli altri a fare qualcosa usando la forza o le minacce. Sarebbero capaci di inveire contro una persona, criticarla o minacciarla, pur di spingerla a fare tutto ciò che desiderano. Stai attento anche al cambio delle carte in tavola. Se manipolano i fatti a proprio piacimento o se cercano di sopraffarti con una serie di informazioni aggiungendo scuse, nascondendo la verità o esagerando.

Un altro segnale a cui dovresti fare attenzione è quello di notare se questo genere di persone tende a comportarsi come martiri o come vittime. Potrebbero fare cose non richieste e poi rinfacciartele o potrebbero voler suscitare compassione. Considera se pongono condizioni per la loro gentilezza. Questo tipo di manipolatori hanno di solito due volti, uno angelico e uno terribile e sembra che vada tutto bene fino a quando non deludi le loro aspettative. Le persone tendono a seguire schemi comportamentali ma i veri manipolatori lo fanno regolarmente. Nascondono un secondo fine e vogliono ottenere il controllo.

Un altro metodo usato dei manipolatori è quello di farti sentire sempre giudicato o inadeguato. Non importa quel che tu faccia, per loro sarà sempre sbagliato. Non offrono consigli e critiche ma evidenziano solo negativamente il tuo operato, anche attraverso ironia e sarcasmo. Persino il silenzio ostinato è un'azione negativa di tipo manipolatorio, usata per controllare. Ignorare le tue telefonate e i tuoi messaggi ha lo scopo di infonderti insicurezza, per farti pensare di aver fatto qualcosa di sbagliato. Se chiedi il perché di questo silenzio, questi potrebbe addirittura negare l'evidenza solo per farti apparire paranoico o esagerato.

I manipolatori ricorrono molto spesso anche al senso di colpa, che viene da loro finalizzato nell'attribuzione di responsabilità della loro infelicità, del loro comportamento e dei loro fallimenti. In pratica ti dicono che se si comportano così è solo per colpa tua. Una persona manipolatrice è molto abile a capovolgere situazioni e ti porta a chiedere scusa, incolpandoti, anche quando non c'è nessuna ragione per farlo. Porterà al fraintendimento qualsiasi cosa tu dica, rigirandola nel peggior modo possibile per te, a suo esclusivo vantaggio. Fai attenzione ai paragoni: se ti paragona ad altri forse vuole portarti a fare qualcosa. Potrebbe anche aggiungere che sei stupido se non lo fai.

Devi sapere dire di no perché un manipolatore continuerà a rigirarti a suo piacimento fino a quando glielo permetterai. Salvaguarda il tuo benessere. Per esercitarti puoi iniziare a dire di no davanti allo specchio pensando di rivolgerti a questa persona. Non devi affatto sentirti colpevole. Questo è un tuo diritto, prova! *"Grazie per avermelo chiesto ma no, non è possibile"*. Definisci dei limiti chiari: in questo caso, dire di NO è più che accettabile. Il manipolatore ritiene tutto ingiusto e finge di cadere a pezzi, perché vuole guadagnarsi la tua simpatia per raggiungere i suoi interessi. "Solo tu puoi aiutarmi" "Non ho nessuno con cui parlare" e così via, sono le scuse che usa per tenerti in suo potere.

La persona manipolatrice cercherà di farti sentire sempre inadeguato, mai all'altezza della situazione. Ricorda che ti sta manipolando per farti stare male con te stesso e che il problema non sei tu! Quando inizi a stare male con te stesso, cominci a prendere atto di ciò che sta accadendo e inizi a mettere al primo posto i tuoi sentimenti.

Il tuo istinto è sempre importante. Se ti senti messo sotto pressione oppure hai la sensazione di essere obbligato a fare qualcosa, fermati un attimo e poniti delle domande. Certe cose le fai perché vuoi farle o perché ti senti spinto a farle?

Concentrati sul manipolatore. Non permettergli di rivolgerti continue domande e richieste, deciditi ad assumere il controllo della situazione. Quando sei sotto pressione per fare qualcosa di irragionevole o che ti mette a disagio, chiedigli: "Tutto ciò ti sembra corretto nei miei confronti?", "Pensi che sia una richiesta ragionevole?", "Questa cosa come mi aiuterà, quale vantaggio potrò trarne?" ,"Come pensi che mi faccia sentire tutto ciò?".

Non prendere decisioni affrettate. Non cedere troppo in fretta a nessun tipo di pressione, temporeggia. Ricorda l'esempio di un eroe dell'antica Roma, Fabio Massimo il Temporeggiatore, ricordato dalla storia per aver saputo aspettare e prendere tempo prima di agire! "Ci devo pensare", questa sì che è sempre un'ottima risposta!

I manipolatori affettivi

Oggigiorno la manipolazione si associa alla psicopatia, al borderline, al narcisismo. Manipolare significa falsificare e ingannare. Quest'esigenza nasce dal bisogno di controllare una relazione, di avere il controllo sull'altro perché quando si è in controllo di una situazione nulla può nuocere. Questa paura si evidenzia spesso in persone con un tratto narcisistico, il quale è di solito presente in una struttura di personalità che può essere sia nevrotica che psicotica, oppure al confine tra questi due estremi (borderline). La manipolazione può assumere sfumature diverse a seconda della gravità della situazione della personalità.

Si può dire che il manipolatore ha la tendenza a essere un predatore, un collezionista di rapporti, anche gestiti contemporaneamente. Il manipolatore si comporta così per compensare una propria debolezza, nata da un rapporto genitoriale carente: questo è un profilo che si ripete per molte patologie.

All'inizio il manipolatore fa sentire la vittima come se fosse una persona molto fortunata, fa provare quelle stesse emozioni che, da bambino, anelava dalla madre, dalla quale avrebbe voluto amore ma ha ricevuto freddezza. Quell'amore è però solo una recita, una messa in scena per sedurre la vittima. Il problema è che, essendo una messa in scena, la verità viene a galla, sotto forma di incoerenza e le bugie si trasformano in accuse, volte a colpevolizzare la preda, facendola sentire insicura. Questa è la stessa insicurezza che il manipolatore si porta dietro dal passato. Non a caso la vittima si sente inadeguata, non degna, in ansia: è la stessa ansia del manipolatore. La vittima sarà sempre in attesa di una conferma.

Una tra le tattiche più diffuse è la *persuasone indiretta*, con cui il manipolatore induce nella vittima determinati comportamenti apparendo sempre innocente, ad es. insultando il proprio ex per esaltare l'attuale partner, inducendo nella vittima dei comportamenti precisi, come una sorta di avvertimento: ad es., "il mio ex litigava sempre con me ma noi non litighiamo mai". Questo tipo di frase crea un'aspettativa ben precisa: quella di non litigare mai. Qualcosa viene indotto nell'altro.

Fare confronti è il primo passo per manipolare in modo negativo: questo ha delle conseguenze psicofisiche nella vittima. È un terreno fertile per piantare i semi della dipendenza affettiva. Sottomettere una persona è comunque un processo difficile e spesso la manipolazione fallisce perché il manipolatore non è abile e la vittima non è ingenua. Ecco perché il manipolatore sceglie sempre persone con dei requisiti particolari, come la generosità, la compassione, l'essere capaci di amore incondizionato. La vittima è una persona in genere buona, disponibile, che si impegna a far crescere il rapporto. L'abilità del manipolatore affettivo è quella di saper fiutare queste caratteristiche, come se fosse un predatore.

Come gestire una manipolazione?

Si può gestire una manipolazione usando una contro-manipolazione. Bisogna innanzitutto tenere presente che la manipolazione fa sempre leva su un ricatto, che può essere di natura sentimentale, facendo leva sugli affetti o sui sensi di colpa (ad es., una mamma che fa sentire in colpa il figlio che va in vacanza, lasciandola da sola), o manipolazione coercitiva (ad es., un'amante che minaccia di rivelare la relazione segreta alla moglie del compagno). Una manipolazione si gestisce in due fasi:

1. non accettare il ricatto, cosicché il manipolatore perda forza e si sganci immediatamente;

2. usare una contro-manipolazione, mettendo in atto un doppio legame (ad es., nel momento in cui si chiede di chiudere una relazione, se l'altra persona minaccia il suicidio, si può rispondere dicendo di essere pronto a morire propria volta).

È importante evitare il senso di colpa. Prima ci dai un taglio, meglio è. Non permettere che l'interpretazione del tuo comportamento da parte del manipolatore influenzi la situazione. Se ti senti dire "Non ti importa di tutto il duro lavoro che ho fatto per te", puoi sempre controbattere dicendo: "Certo che mi preoccupo per quanto hai fatto per me. Te l'ho detto molte volte fino ad oggi, ma ho l'impressione che tu non apprezzi il mio interesse".

CONCLUSIONE

Ora che hai scoperto come funziona la persuasione e la manipolazione mentale, è arrivato il momento di fare pratica sul campo. Che tu voglia provare a convincere qualcuno usando le tecniche e i principi elencati in queste pagine, o magari arrivare a un accordo senza litigare inutilmente, o finalmente parlare con il tuo capo antipatico di quella questione fastidiosa... bene, ora è il momento di farlo. Non hai più scuse!

Arrivati alla fine di questo volume, vorrei prima di tutto ringraziarti per aver ascoltato fino a qui. Inoltre, nonostante io sia sicuro che tu abbia trovato tante informazioni e tecniche pratiche da poter applicare fin da subito, vorrei ricordarti che questo è soltanto il secondo volume della serie "Comunicazione Efficace". Se i contenuti sono stati di tuo gradimento, dai un'occhiata anche agli altri libri della serie!

Al tuo successo,

Roberto Morelli

P.S..: se ancora non l'hai fatto, inquadra il seguente QR Code per scaricare un libro gratuito intitolato "I 7 Segreti della Comunicazione Persuasiva".

Una breve guida pratica in grado di darti le conoscenze necessarie per migliorare le tue abilità comunicative, perfettamente complementare al libro che hai appena letto.

Scaricarla è semplicissimo: prendi il tuo smartphone e inquadra questo codice QR con la fotocamera.

Per concludere, lascia che ti dia un consiglio di lettura...

COME ANALIZZARE LE PERSONE:
Tecniche di psicologia comportamentale per riconoscere le personalità, decifrare le micro-espressioni e leggere le persone come un libro aperto

Sei sicuro che ti stiano dicendo la verità?

Immagina di avere il potere di decifrare **CHIUNQUE** tu abbia di fronte, e leggerli come se fossero un libro aperto.

Che sia un tuo amico, un tuo collega, il tuo capo o la persona che vuoi conquistare...

...Grazie a questo libro, scoprirai esattamente le stesse tecniche usate dall'FBI durante gli interrogatori per analizzare qualunque persona, leggere la loro mente e capire se stiano mentendo o meno.

Solo lo 0,01% delle persone sa esattamente come decifrare il linguaggio segreto del corpo, quello che non mente mai, anche se gli altri ti nascondono i loro segreti. Riuscirai a capire al volo cosa pensano le persone anche solo guardando la loro espressione sul viso o come pronunciano determinate parole…

Ecco cosa scoprirai all'interno di questo libro:

• Basi di psicologia comportamentale per capire meglio cosa si nasconde dietro al comportamento di una persona...

• Come smascherare le menzogne ancora prima che il tuo interlocutore finisca di parlare

• Come capire all'istante la personalità di chi ti sta davanti e leggergli nella mente come se fosse un libro aperto...

• Come capire se ti stanno mentendo o cercando di manipolare

• Come capire cosa pensano gli altri di te, MNsemplicemente guardandoli in faccia...

• La parte del corpo che non mente mai: prestaci sempre attenzione...

• Come stabilire con certezza se un ragazzo/a è interessato/a a te

• E molto altro…

Anche se non sei uno psichiatra con anni di studio alle spalle, dopo aver letto questo libro sarai in grado di leggere le espressioni e il linguaggio non verbale delle persone senza fatica.

Conoscere queste tecniche ti darà un potere sconosciuto alla gente comune, che purtroppo continuerà a farsi mentire e prendere in giro. Ora hai l'occasione di imparare informazioni che ti saranno utili per il resto della tua vita.

Potrai imparare anche se inizi da zero. Non troverai fuffa o cose che non ti servono.

Quindi non perdere tempo... inquadra questo codice QR per saperne di più:

IMPARA COME EINSTEIN: Segreti e tecniche per imparare qualsiasi cosa, sviluppare la creatività e scoprire il Genio che è in te

Albert Einstein era considerato un "fallito" nel lontano 1895...

...E grazie a questo libro, stai per scoprire le stesse strategie che ha utilizzato per imparare più velocemente, memorizzare di più e diventare un genio creativo.

Parola chiave: diventare.

Ti sei mai sentito così stressato, o semplicemente distratto, da non riuscire nemmeno a concentrarti sul tuo studio o lavoro?

In "Impara come Einstein", scoprirai come un comune ragazzo rifiutato dall'università, deriso da professori e scienziati, confinato per anni a lavori di basso livello... si sia trasformato nel giro di pochi mesi nel genio folle e creativo che tutti noi conosciamo.

Questo libro ti guiderà attraverso le tecniche che Einstein ha utilizzato per concentrarsi meglio, assorbire e memorizzare più informazioni, ottenere una mente chiara e limpida, e prendersi la sua rivincita nella vita.

All'interno di "Impara come Einstein", scoprirai:

• I segreti per imparare qualsiasi cosa, a qualunque età

• Come migliorare la tua capacità di concentrazione e focus, nel giro di qualche ora...

• Come raddoppiare la tua velocità di lettura

• Come risolvere i problemi usando la creatività, anche se non ti sei mai considerato creativo...

• Come apprendere rapidamente e risparmiare un sacco di tempo

• Come assorbire centinaia di dati e informazioni e bloccarli nella memoria a lungo termine: non te li dimenticherai facilmente...

• E molto altro ancora!

Dallo sviluppare una creatività invidiabile al migliorare la tua tecnica di lettura, questo libro ti darà gli strumenti necessari per superare le sfide della vita quotidiana e lavorativa.

Con i giusti consigli, esercizi, informazioni ed astuzie, chiunque può allenare la capacità di pensare fuori dagli schemi, trovare soluzioni a qualsiasi problema e avere successo nella vita.

Per saperne di più, inquadra il seguente codice QR con la fotocamera del tuo smartphone:

COMUNICA COME TRUMP: *Segreti e tecniche per parlare in pubblico, negoziare con autorevolezza e comunicare in modo carismatico*

Come fa Donald Trump ad imporre il suo volere sugli altri? Quali tecniche usa?

Che lo si ami o lo odi, Trump è una delle persone più influenti al mondo e un indiscusso maestro della comunicazione.

Un personaggio carismatico e imprevedibile che ha costruito un impero economico, cadendo e risollevandosi più volte, fino a diventare il presidente della prima potenza mondiale. È l'emblema del "sogno americano", un testimone vivente della filosofia del pensiero positivo applicata a tutte le situazioni, senza fare sconti a nessuno.

In questo libro, scoprirai la semplice formula di Trump per ottenere ricchezza, carisma e potere -**quello vero-** anche se ti consideri introverso, timido o impacciato. In fondo, tutti i più grandi comunicatori hanno imparato i loro segreti da qualcun altro.

Ecco un assaggio di quello che scoprirai all'interno di "Comunica come Trump":

• Le tre parole magiche che Trump usa all'inizio di ogni frase per vincere ogni discussione

• Le tattiche usate da Trump per persuadere, influenzare e dominare gli altri

• Come diventare popolare e sulla bocca di tutti (in modo positivo)

• Come apparire come il "maschio alfa" in ogni situazione, senza neanche aprire bocca

• Come cambiare istantaneamente la percezione delle persone nei tuoi confronti (attenzione: proprio questo è ciò che rende Trump uno dei migliori comunicatori del mondo...)

• Come convincere una persona a scegliere te e solo te, ignorando completamente la tua concorrenza

• Come risolvere le obiezioni e i "No", senza risultare fastidioso o maleducato...

Leggendo questo libro scoprirai come pensare da "vincente", parlare in modo carismatico, influenzare gli altri ed **ottenere il loro rispetto**. Grazie a queste tecniche, diventerai un comunicatore efficace, magnetico ed irresistibile.

Quindi non perdere tempo, inquadra il seguente codice QR per diventare un maestro della comunicazione!

Lo scopo di questo libro è culturale e didattico.

"Comunica come Trump" non ha scopi politici, pubblicitari o di propaganda*

CPSIA information can be obtained
at www.ICGtesting.com
Printed in the USA
BVHW031121070521
606762BV00001B/24